高质量发展下河南省技术创新与科技金融协同研究——基于地市级层面数据的实证分析 2023 年度河南省软科学项目 23240041

# 中小企业技术创新及发展战略研究

田晓佳　著

九 州 出 版 社
JIUZHOUPRESS

**图书在版编目（CIP）数据**

中小企业技术创新及发展战略研究 / 田晓佳著 . --
北京 ：九州出版社，2023.6
ISBN 978-7-5225-1947-0

Ⅰ．①中… Ⅱ．①田… Ⅲ．①中小企业－技术革新－
研究－中国②中小企业－经济发展战略－研究－中国
Ⅳ．① F279.243

中国国家版本馆 CIP 数据核字（2023）第 117120 号

**中小企业技术创新及发展战略研究**

| | |
|---|---|
| 作　　者 | 田晓佳　著 |
| 责任编辑 | 云岩涛 |
| 出版发行 | 九州出版社 |
| 地　　址 | 北京市西城区阜外大街甲 35 号（100037） |
| 发行电话 | （010）68992190/3/5/6 |
| 网　　址 | www.jiuzhoupress.com |
| 印　　刷 | 定州启航印刷有限公司 |
| 开　　本 | 710 毫米 ×1000 毫米　　16 开 |
| 印　　张 | 12.5 |
| 字　　数 | 200 千字 |
| 版　　次 | 2023 年 6 月第 1 版 |
| 印　　次 | 2023 年 6 月第 1 次印刷 |
| 书　　号 | ISBN 978-7-5225-1947-0 |
| 定　　价 | 78.00 元 |

# 前　言

　　本书是一本关于中小企业科技创新管理及发展战略研究的专著，主要讲述了企业科技创新管理的概念、内容，企业科技创新的体系建设、环境及评价。

　　第一章整体介绍了企业科技创新管理的概念。首先介绍了企业科技创新的内涵、特征、影响要素，接着阐述了企业科技创新管理目标、任务以及存在的问题。

　　第二章首先分析了企业科技创新的战略，包括企业科技创新战略的意义、企业科技创新战略的目标、企业科技创新战略的模式；其次对企业科技研发管理进行了详细的讲解，包括研发的主要方法以及研发课题管理；再次分析了科技成果转化，包括科技成果转化指标、科技成果转化方式、科技成果转化投入和产出以及科技成果转化过程；复次对知识产权管理与保护进行了详细的阐述，包括知识产权的管理、知识产权的利用以及知识产权管理体系的构建；最后阐述了科技创新管理方法，包括科技创新管理常用方法以及全面创新管理等内容。

　　第三章针对企业技术创新体系建设进行了专门研究。首先讲述了企业技术创新组织的建设，包括组织模式选择和组织体系建设两方面内容；其次讲述了资金投入和创新团队建设的内容，包括创新资金的主要投向、创新资金的投入管理、创新团队的建设以及创新人才激励机制等内容；再次对研发机构相关内容进行了详细的阐述，包括企业技术中心、国家重点实验室以及国家工程技术研究中心三方面内容；复次对产学研合作也进行了重点分析，包括产学研合作的主要模式、产学研合作的主要机制和多维度推动产学研合作等内容；最后介绍了技术外包与技术创新战略联盟。

第四章研究了企业科技创新的环境。首先对企业科技创新的政策环境进行了详细阐述，包括制定企业科技创新政策的理论依据、原则以及促进企业科技创新的主要政策；其次对企业科技创新的金融环境进行了详细讲解，包括企业科技创新的融资途径、企业科技创新融资政策存在的不足和完善企业科技创新融资环境的措施；再次对企业科技创新的人才环境进行了详细阐述，包括人才环境对科技创新的影响、企业科技创新人才环境改革措施以及完善企业科技创新人才资源环境等内容；最后讲述了企业科技创新的知识环境，包括企业科技创新的知识体系、搭建为企业科技创新服务的技术平台、加强行业关键技术和共性技术的攻关以及加强科学技术知识的普及几方面的内容。

第五章讲述了企业科技创新评价相关内容，包括企业技术创新评价、企业科技创新能力评价等内容。

由于时间仓促，著者水平有限，本书在写作过程中难免有疏漏和不足之处，敬请广大读者指正。

# 目 录

# 第一章
# 企业科技创新管理概论

正所谓"知己知彼，百战不殆"，要使企业科技创新活动顺利开展，就应当掌握必要的管理方法和技巧。

本章主要介绍企业科技创新的内涵、特征、影响要素、过程等内容，并在此基础上，阐述企业科技创新管理的目标和任务，剖析企业科技创新管理存在的问题，旨在帮助企业顺利开展企业科技创新管理。

# 第一节　认识企业科技创新

随着信息化、数字化的发展，人们逐渐意识到科技创新的重要性。企业要想在激烈的竞争中占据一席之地，必须形成自己的核心竞争力，必须坚持科技创新，这是企业应对外部环境变化和自身生存发展的必然要求。

## 一、企业科技创新的内涵

企业科技创新是企业创新活动的一部分，稳稳占据着企业创新的中心地位，其他创新活动都是围绕企业科技创新开展的，并以推动企业科技创新为目的。

### （一）企业科技创新的概念

企业科技创新是指企业应用科技新知识、新技术和新工艺，采用新的生产方式和经营管理模式，开发生产新的产品或提供新的服务，占据市场，并实现市场价值的过程。

### （二）企业科技创新与企业技术创新

企业科技创新包含企业科学创新和企业技术创新两方面。

企业技术创新是指企业应用创新知识和技术开发新的产品或提供新的服务的过程。技术创新是企业发展高科技、实现产业化的重要前提。

显而易见，企业科技创新的范围远远大于企业技术创新，其主体是企业。两者之间的主要区别在于，企业科技创新关注创新效益的同时，还注重创新主体创造能力的培养。

### （三）企业科技创新与研究开发

研究开发（简称研发）是指，研发部门根据研发计划，对技术进行研究和突破，进而完成样品制作的过程。

在科技创新中，研究开发仅是其中的部分环节，企业科技创新还包含样品实验、产品试销、创新产品市场化等环节。

综上所述，和研究开发相比，企业科技创新的范围要大得多，两者不能混为一谈。

## 二、企业科技创新的特征

企业科技创新具有创造性、商业性、多阶段性、系统性、风险性的特征（图1-1）。

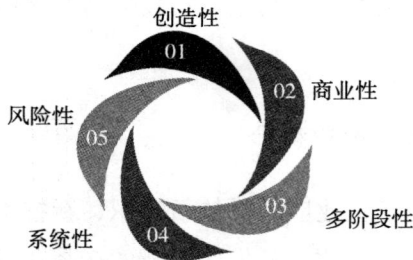

图1-1　企业科技创新的特征

### （一）创造性

创造性是企业科技创新最基本的特征。通过科技创新，企业可以生产出创新的产品，推出创新的技术，提供创新的服务，这些"新"的事物均体现着人的创造性。

因此，科技创新是企业的一种创造性行为，它要求企业具备创造性的决策能力和创造性的组织才能。从另一个角度看，科技创新活动也是企业家精神的一种体现，是企业家创造性地对生产要素重新组合的过程。

## （二）商业性

企业进行科技创新，不仅是竞争压力的结果，也是企业家追求利润的结果。企业科技创新成果只有实现"惊险的一跳"，企业科技创新才算成功。

企业科技创新成果的商业化是企业科技创新的本质特征。经济学家约瑟夫·熊彼特认为，"发明只是一个新观念或新设想，只有将发明引进生产体系中，发明才能转化为创新。"①

总而言之，商业性是企业科技创新区别于发明创造的重要特征。必须明确的是，只有企业科技创新的成果成功地实现商业化，才能认为企业实现了科技创新。

## （三）多阶段性

企业科技创新是一个复杂的过程，可分为不同的阶段，每个阶段承担着不同的工作任务。因此，可以说多阶段性是企业科技创新的重要特征。

从某种角度看，多阶段性使企业便于控制、管理和监督整个科技创新过程，进而降低科技创新的风险，提高科技创新的成功率。例如，如果某个阶段的创新结果达不到要求，那么企业可以对该阶段进行调整，

---

① 熊彼特.经济发展理论[M].何畏，易家详，译.北京：商务印书馆，2020：62.

也可以停止该项目及时止损。

需要注意的是，各个阶段的创新活动并不是按顺序进行的，有时可能存在重复和交叉。

## （四）系统性

企业科技创新活动涉及的部门众多，诸如销售部门、财务部门、生产部门、技术部门、企业战略部门等，这些部门相互配合、相互协调，最终完成科技创新。

在企业科技创新活动中，技术部门需要为科技创新提供技术支持，生产部门需要为科技创新提供生产工艺，财务部门需要为科技创新提供资金支持，销售部门需要为科技创新提供改进需求，等等。

由于多部门参与，企业科技创新活动往往涉及"秩序"和"流程"问题，需要系统地组织。因此，系统性是企业科技创新的另一个重要特征。

## （五）风险性

风险性是企业科技创新显著的特征之一。创新可能会失败，创新具有一定的风险性。

在开展科技创新活动之前，企业需要对现实条件和未来变化有基本的掌握，否则盲目创新，即使开发出创新产品也会面临失败的风险。

影响企业科技创新的因素有很多，有些因素是可控的，有些因素是不可控和不可预料的。具体来说，企业科技创新面临的风险主要来自三个方面。

一是技术风险。如技术不够成熟，无法攻克科技创新中的技术难题等。

二是市场风险。如市场需求的变化以及时代的发展导致企业生产出的创新产品无人问津等。

三是政策风险。如国家产业政策做出调整，导致原本出口的创新产品无法售卖等。

## 三、影响企业科技创新的要素

影响企业科技创新的要素有很多，总体上可分为企业外部要素和企业内部要素。

### （一）企业外部要素

影响企业科技创新的外部要素主要包括法律环境、创新政策、金融环境、知识环境、人才环境以及中介服务环境。

1. 法律环境

企业科技创新的关键和前提是制度创新。这里的制度主要指企业科技创新所需的相关法律法规和政策。只有宽松的、支持企业科技创新的法律环境，才能孕育出企业科技创新成果，推动企业科技创新大跨步前行。

2. 创新政策

目前，我国陆续出台相关政策，大力支持企业科技创新。

政策对企业科技创新的促进作用表现在两个方面。

一是政策具有导向性。比如鼓励科技创新的税收政策、知识产权保护政策等可以使企业认识到科技创新能给自己带来切实利益，进而朝科技创新的方向发展。

二是政策具有较高的可靠性和持续性。一旦相关政策颁布，企业就可以按照政策"照章办事"，享受政策的支持和扶持，保持科技创新的热情。

因此，企业有必要充分了解最新的有关科技创新的政策，以政策为自身创新的依托，不断开展科技创新活动。

3. 金融环境

企业科技创新活动离不开资金的支持，如果只拥有先进的技术或工艺，而没有强大的资金支持，是无法将想法转化为产品的。因此，金融环境这一因素对企业科技创新格外重要，良好的金融环境可以为筹集企业资金提供便利。

对企业而言，金额环境主要包括两个方面，即社会资金的多少和获得资金的便利程度。

4.知识环境

知识环境虽然不会直接影响企业科技创新的过程，但会影响企业科技创新活动需要的人才、设备等，决定着企业科技创新的水平，进而间接影响企业科技创新。

知识可以为企业科技创新提供动力，知识主要分为两类：一类是显性知识，即可被传播、传承、分享的知识，比如生产制造设备的相关知识、科技知识、行业公共技术等；一类是隐性知识，即难以言述、不易传播的知识，主要隐含在个人经验中，需要在实践中获得。

良好的知识环境会催生出大量的知识，进而推动企业科技创新发展。

5.人才环境

科技创新关键在于人才。没有一流的人才就无法产生一流的技术和产品，也无法提供一流的服务。

而影响人才培养的关键就是人才环境，如果社会尊重人才、重视人才，就更加容易培养出人才。人才环境主要包括两个方面：一是社会的人才数量及人才培养能力；二是人才是否可以自由流动。

6.中介服务环境

随着科学技术的发展，社会分工越来越细。企业在经营发展过程中，难免会遇到一些自身无法解决的事情，此时可以请专业服务机构解决问题，以取得事半功倍的效果。目前，社会中介服务包括以下几种。

（1）咨询顾问服务。

（2）投融资服务。

（3）法律顾问服务。

（4）财税顾问服务。

（5）上市辅导服务。

（6）科技项目申报服务。

中介服务水平在一定程度上影响着企业科技创新。如果中介服务环境良好，大多数企业均会求助专业服务机构，那么专业服务机构一定会蓬勃发展，进而为企业提供更好的服务。因此，企业有必要掌握当前中介服务环境的具体情况。

## （二）企业内部要素

在企业内部，有很多因素影响着企业科技创新的开展，具体包括组织、制度、创新文化、人才、企业家精神、信息化程度、资金、科研设备。

### 1. 组　织

对企业而言，科技创新是一项较复杂的活动，需要依靠众多部门合力完成，不同部门承担着不同的任务。

如果企业的组织结构和管理机制比较"僵硬"，不灵活，那么科技创新活动将会受阻，不能顺利开展。

为了保证科技创新的顺利进行，企业应当设计有利于创新的组织机构，包括创新的行为规则和程序、创新的分工和协调等，其设置应当符合科技创新和企业发展的需求，使科技创新活动有序开展。

### 2. 制　度

制度是指社会中个人所遵循的一套行为规则。同样，在企业之中，企业员工应当遵守企业制定的制度，这样才能保障企业顺利运行。

如果说企业的组织架构是骨架，那么企业的规章制度则是经脉，其是企业正常运行和科技创新开展的基础和前提，影响着企业科技创新的发展。

因此，企业应当建立责权明确、产权清晰、管理科学、政企分离的企业制度，同时建立有序的科技创新决策制度、人才激励制度、过程监督制度、分配制度等，保障企业科技创新的发展。

3.创新文化

文化是价值观念、行为准则和制度等的总称。创新文化对企业科技创新有着不可忽视的影响，不仅可以激发和促进企业员工的创新思想、行为和活动，也可以使企业员工丢掉"畏惧"心理，不害怕创新失败，最终使企业具有持续创新的活力。

因此，创新文化是影响企业科技创新的重要因素之一，企业应当积极营造"鼓励创新、宽容失败、追求卓越"的科技创新文化，使企业员工具有不怕失败、敢于冒险的精神。同时，企业应当鼓励创新文化，使员工谨记创新的精神，鼓励员工打破自身思维的"舒适区"，最终使创新成为企业的信条。

4.人　才

"科技是第一生产力"，在企业科技创新过程中，人才的重要性不言而喻，人是整个科技创新活动的主体和实施者。从这个角度说，创新人才是科技创新的重要因素之一。

因此，企业应当重视创新人才的培养，积极引进科技创新人才，并采取一系列措施留住创新人才，充分发挥创新人才的主动性。

5.企业家精神

对企业而言，企业家是企业的灵魂，企业精神在某种程度上可以被视为企业家精神，是企业家精神品质的外在体现。

企业家是科技创新的推动者和倡导者，如果一个企业的领导者不具备创新精神，而是观念守旧，那么这个企业很大概率做不到科技创新。

因此，企业家应当不断完善自我，拓宽自身的知识结构和视野，培养敢于冒险、敢于承担风险、勇于创新的精神，这样才能有力地推动企业科技创新的发展。

6.信息化程度

随着现代科学技术和互联网技术的发展，企业信息化程度越来越高，很多企业应用信息技术进行管理，大大提高了工作效率。同样，企业可以在企业科技创新活动中，应用计算机系统控制产品的生产和研发工作，进而提高科技创新的水平。

因此，企业应当加快实现信息化，运用信息技术完成科技创新活动，并建立一套完善的、良性循环的科技创新机制。

需要注意的是，信息技术仅是一种手段，而科技创新才是目标，企业不应当舍本逐末，应当坚持科技创新这一最终目标，进而形成自身的核心竞争力。

7.资　金

常言道："兵马未动，粮草先行。"资金是影响企业科技创新的重要因素之一。

企业科技创新需要资金的支持，因为企业需要资金购买实验设备、检测设备，并需要资金支付科研人员的薪水、引进生产工艺技术等，资金是科技创新活动开展的物质保障。如果缺乏资金的支持，科技创新无异于纸上谈兵。

因此，企业应当为科技创新准备充足的资金，并建立科学合理的投融资体制，以确保科技创新顺利推进。

8.科研设备

企业科技创新需要一定的科研设备，科研设备不仅包括实现科学技术目标的工具，还包括企业产品的生产设备以及测试仪器等。企业的发展离不开科研设备。生产设备和检测仪器是一个企业发展必不可少的。不同的企业需要的生产设备是不一样的，对于制造业企业来说，只有不断地开发新的生产设备，才能适应市场的发展。对于化工企业来说，检测仪器的重要性不言而喻，只有开发出最新的检测仪器，才能提高检测的精准度。

## 四、企业科技创新的过程

通过对创新过程的研究，众多学者将科技创新过程加以分析，以更加全面了解创新过程，在此基础上形成各自的看法和观点。

英国学者乔·蒂德认为，科技过程可以分为四个阶段：对内部和外部环境进行扫描及搜寻、对信息进行评估、投入资源开发项目、实施创新过程并进行评估。

清华大学傅家骥认为，可以将技术创新过程分为三个阶段：发现与决策、准备开发、实现开发，其中每个阶段又可以分为两个子阶段。

由于企业科技创新具有较强的目的性，即为企业取得一定的经济效益，因此企业科技创新必然带有自身的特点。依据企业科技创新自身特点，企业科技创新过程分为以下四个阶段，如图1-2所示。

图1-2　企业科技创新过程

### （一）创新设想形成阶段

无论什么形式的科技创新，都源于创新设想。企业先要形成创新设想，才能实现科技创新。

创新设想是企业科技创新的起点，具有重要的作用和价值。对企业而言，科技创新设想的形成途径通常有两个：一是市场营销人员根据市场变化或用户使用的感受，产生创新想法和思路；二是技术研究人员或产品开发人员根据产品使用测试或最新的技术对产品产生改进想法。例如，海尔公司的销售人员发现用户对洗土豆十分头疼，由此产生开发洗土豆的机器的设想。经过开发人员和技术人员的努力，最终海尔成功生产出洗土豆的机器。

因此，可以说，创新设想促使创新行为的产生，而创新行为则促使创新成果的出现，为企业创造经济效益。

### （二）论证立项阶段

企业采纳或产生创新设想之后，接下来并不是立即开始科技创新，而是对这一创新设想进行可行性分析和论证。只有明确创新设想可以实现或具有一定的经济效益，企业才会进行开发和研究。

在论证立项阶段，企业需要组织各个部门从不同的角度，对创新设想进行分析，并做出初步评价，甚至邀请专家并听取专家的意见。例如，企业技术部分将从技术的角度分析创新设想能否实现；财务部门会从财务角度评估创新设想是否应当实行等。

总之，论证立项是对创新设想进行评价，进而明确创新设想的可行性，评价内容包括以下几项。

（1）创新产品的市场容量。

（2）市场变化趋势。

（3）技术可行性。

（4）市场竞争力。

（5）企业内部资源的支持力度。

（6）企业成本、效益和风险。

一旦获得企业决策层的同意和支持，意味着该创新设想立项成功，企业需要组建项目开发团队，调用企业资源开始研发工作。

### （三）研究开发阶段

研究开发阶段的主要任务是解决从技术开发到试生产的全部技术问题，最终生产出满足一定功能和需求的创新产品或推出新工艺。

研究开发阶段的流程如下：首先，企业应当制定具体、科学、合理的开发计划，其次，对关键技术进行攻关，最后生产出满足性能要求的样品。

需要注意的是，在这一过程中，企业需要对样品进行小试和中试检验，以保证样品的质量。小试检验对企业技术设计和工艺设计可行性进行检验，解决的是生产过程中可能出现的工艺和技术问题。中试检验对企业生产全部技术进行检验，以确保企业从开发到试生产过程中的技术没有错误。

在研究开发阶段，如果企业自身技术研究能力有限，可以购买相关专利或技术，然后凭借自身技术研究能力对其进行二次开发，最后获得创新产品或创新技术。

### （四）商业化阶段

商业化阶段的主要任务是实现创新成果的价值，包括批量生产、试销和正式销售等。其中，试销具有探索性质，是进一步验证创新产品的不可或缺的环节。试销结果需要反馈给各个部门，以便各个部门对创新产品进行改进和完善。

商业化阶段是企业科技创新的最后阶段，是企业实现经济效益的阶段。

在实际的应用中，这四个阶段并没有严格的界限划分，各个阶段的创新活动存在着过程的多重循环和反馈以及多种活动的交叉、并行。因此，在研究企业科技创新活动的过程中，并不能机械地将这几个阶段割裂开来，需要统一看待和研究。

# 第二节　企业科技创新管理

企业科技创新是一个复杂的、不确定的、多阶段的过程，要想提高科技创新的成功率，企业有必要对其进行科学管理。科技创新管理是企业重要的管理职能之一，具有重要的作用。

在实际的应用过程中，企业科技创新管理主要体现在以下方面。

（1）战略管理。

（2）过程管理。

（3）要素管理。

（4）决策管理。

（5）新产品开发管理。

（6）工艺流程管理。

（7）知识产品管理。

企业对上述领域进行管理，可提高企业科技创新的效率和水平，提升企业的综合管理能力。

## 一、企业科技创新管理的目的

企业科技创新管理可以提升企业的核心竞争力，增强企业的盈利能力，提高企业科技创新的成功率。

### （一）提升企业的核心竞争力

随着科学技术的发展，大多数企业开始从投资推进型向创新推进型转变，这意味着企业必须提升核心竞争力，仅仅依靠投资必然会被淘汰。

因此，企业的成长必须着眼于技术和产品的创新，立足于企业核心竞争力的提升。目前，越来越多的企业了解科技创新的重要性，明白科技创新是提升企业核心竞争力的重要支撑。

科技创新可以使企业创造出符合时代需求的产品和技术，使企业立于不败之地。在这一过程中，企业需要对科技创新活动进行有效管理，只有这样才能快速、有效地生产出符合时代要求的产品。

### （二）增强企业的盈利能力

一方面创新是一个经济学概念，因此创新是以产生经济效益为出发点和落脚点的。另一方面，为社会创造价值是企业追求的目标，科技创新是实现这一目标的主要手段。要发挥科技创新对企业发展的推动作用，就要加强企业科技创新管理。

科技创新管理可以将知识、技术、资金、人才以及其他生产要素有机结合在一起，并让它们通过企业的内在机制充分发挥作用，最终生产出具有高技术含量、高附加值的产品。科技创新管理可以减少企业成本，提高投入产出效率，有助于企业推出更多满足市场需求的产品和服务，提升企业的盈利能力。

### （三）提高企业科技创新的成功率

企业科技创新不仅会给企业带来机遇，也会给企业带来风险。正是因为这种风险的存在，许多企业虽然认识到科技创新对企业发展的重要性，却不敢轻易进行科技创新，因为他们无法承受创新失败带来的损失，不能接受自己的心血付诸东流。

科技创新管理根据技术发展规律和创新活动规律，对复杂的、不确定的科技创新进行管理，使之产生更多的符合企业预期的科技创新成果，提高企业科技创新的成功率。

## 二、企业科技创新管理的任务

企业创新管理工作的基本任务是增强企业科技创新的动力，提高企业科技创新的能力、提升企业整合和应用外界资源的协同能力。

## （一）增强企业科技创新的动力

企业科技创新的动力主要包括两方面，即创新文化的原始推动力和科技创新体系的自我推动力。

企业创新文化以创新为企业的核心价值观，通过营造创新的文化氛围，鼓励员工进行积极创新，进而使企业实现科技创新。在这样的文化氛围中，企业科技创新将会成为企业员工的自觉行为，此时创新文化自然就成为企业科技创新的原始动力。

企业创新文化途径有两个：一是企业制定相关的规章制度，对员工的创新热情和创新行为加以保护和鼓励；二是企业家鼓励创新行为，提升自身的创新能力，自上而下影响员工创新的热情，最终使企业家的创新精神成为企业的创新精神。

科技创新体系的自我推动力可以加强企业科技创新能力。科技创新逐渐成为企业发展的决定性力量，科技创新体系可为其提供源源不断的支撑力，为科技创新保驾护航。企业科技创新体系中各个部分协同配合（如生产营销体系、产品研发体系等），可以实现自我监控、自我循环，进而推动科技创新的发展。

简单地说，科技创新体系相当于汽车的传动系统，各个部门则相当于汽车的各个部件，汽车发动机产生的动力会传递给每个部件，只有整个系统保持稳定和有序，汽车才能最终启动起来。因此，企业应当充分发挥科技创新体系的自我推动力，推出源源不绝的科技创新成果，最终建立自身的核心竞争优势。

## （二）提高企业科技创新的能力

在企业的科技创新活动中，新技术的选择和新产品的开发立项都必须经过充分论证和科学决策，一旦决策失误，企业不仅会遭受经济损失，而且会落后于竞争对手而失去竞争优势。

因此，科学决策是企业科技创新的前提和关键所在。科技创新管理就是要建立一套科学、规范的决策体系，通过对决策过程的管理和控制保证决策结果的科学性和正确性。

做出正确决策以后，企业的产品研发能力就成为科技创新成败的决定因素。现代科技创新管理将企业的研发活动分为若干阶段，明确了每一个阶段的目标和任务，同时制定每一阶段的成果评价及监控措施，这样就将复杂的研发活动流程化、规范化，便于控制。

这种管理方法和手段可以提高企业的技术研发和产品开发能力，最大限度地保证科技创新活动达到预期的目标。

### （三）提升企业整合和利用外界资源的协同能力

整合和利用外界资源为企业科技创新提供服务，是企业科技创新管理的任务之一。

其中，外界资源的类型有很多，包括政府制定的相关政策，高校和研究机构的技术、人才等资源，具体体现在以下几个方面。

（1）鼓励企业科技创新的政策。例如，高新技术企业可以享受到税收优惠政策。又如，国家重点新产品可以享受到税收优惠政策。因此，企业应当充分了解和掌握这些相关政策，以最大限度地享受优惠政策，推动企业科技创新。

（2）高校和研究机构的人才、技术以及设备等。高校和研究机构往往具有已经成型的或初步成型的科技创新成果，只是苦于无法"商品化"。因此，企业应当充分利用这些成果，对其进行研究和改进，缩短研发周期。

通过企业科技创新管理，企业可以最大限度地将这些外部资源加以整合和利用，缩短企业科技创新的周期，为企业科技创新活动保驾护航。而这一点，正是企业科技创新管理的主要任务和意义所在。

## 三、企业科技创新管理存在的问题

只有企业内部环境和外部环境协调配合，企业科技创新才能发挥应有的作用，为企业创造一定的经济效益。然而，由于内部环境要素和外部环境要素种类繁多，很难达到平衡状态，因此企业科技创新必然存在一定的问题，主要体现在以下几个方面。

### （一）管理体系不健全

企业科技创新管理体系的主要作用是对科技创新进行管理，使其流程化和规范化，最终使科技创新的结果达到预期，提高科技创新的成功率。

然而，目前大多数企业尚未建立完善的科技创新管理体系，导致科技创新的成功率较低。

1. 管理体系缺乏规范化

企业科技创新管理工作涉及的方面比较广泛，包括科技战略制定、工艺流程改进、技术创新等，工作内容十分烦琐，需要规范化和系统化的制度加以保障。

然而，企业尤其是中小企业，在进行决策时往往凭"一把手"做主，很少进行团体集体决策，甚至在开发新产品时立项也仅仅是走走形式，缺乏规范化和系统化流程。实际上，企业科技创新管理需要群策群力，是一个综合决策的过程，仅听从"一把手"的决策，有时会弄巧成拙。

2. 管理工作职责不明确

对我国企业而言，大多数科技创新管理人员来自技术岗位。他们往往受自身专业的影响，在开展管理工作时，不能从管理的角度看待问题。

同时，企业的管理人员除承担管理任务外，还担负着创新产品研发工作。这样的分工使科技创新管理人员的职责模糊，自身承担多重任务，将更多精力投入技术工作，而忽视了管理工作。

正所谓"专人专事"，每个人都有自己擅长和不擅长的地方，只有管理人员明确自身的职责，专业的人做专业的事情，企业才能顺利运行，企业科技创新才能高效开展。

## （二）科技创新投入不足

众所周知，企业研究开发费用至少应为销售额的2%，这样企业才能具有长久的生命活力。企业要想保持领先优势，开发费用应至少达到销售额的5%。

近年来，我国企业在研究开发和科技人才培养方面的经费投入力度不断增加，然而投入强度仍不容乐观，主要体现在以下几个方面。

（1）大中型企业在科技创新方面的投入比例和世界平均水平相比有一定差距。

（2）制药企业在科技创新方面的投入比例和国外相比有一定差距。

（3）企业在硬件设备上投入力度不大，高精尖加工工艺和重大技术装备相对薄弱。

（4）国民经济和高技术产业领域需要的某些重要装备（包括研发测试仪器、高技术装备等）依赖进口，例如集成电路芯片制造装备、石油化工装备等。

## （三）企业人员素质不高

企业科技创新涉及多个领域，诸如信息技术、产品开发、模具制作、质量管理、项目管理、人员管理等，因此企业人员需要具有较高的专业素质和管理素质，只有这样企业才能提高科技创新的效率。

目前，企业人员还存在以下几个方面不足。

（1）企业人员往往在该领域从事工作多年，有较多的工作经验，但对当前新型技术和工艺的掌握有所不足，自身数据知识库更新不及时。

（2）企业人员在产品开发阶段，不能很好地掌握用户的各种需求，在创新产品或技术时，不能满足用户的个性化需求。

（3）企业人员缺乏相关的管理理论，主要依赖自己的实践经验而不是科学管理方法，难以提高科技创新管理效率。

（4）企业人员不具备相关的专业技术，专业技术的缺失有时会阻碍科技创新的开展。

进一步研究发现造成上述问题的原因主要有以下几点。

（1）符合社会和时代需求的科技创新人才数量有限。从高校的角度分析，尽管高校已经开设科技创新相关课程，并设置技术创新研究生方向，然而在专业教育方面仍有所不足。

（2）大部分企业的科技创新管理人员较少，其管理能力和水平有限。

（3）企业没有制定科技创新管理人员的培训方案和职业规划，间接导致从事这一职业的管理人才较少。

（4）大部分企业重视技术而轻视管理，使科技创新的效率较低，不能有序开展。

### （四）科创人员的激励机制不完善

所谓"工欲善其事，必先利其器"。目前很多企业都建立了考核与激励机制，但还不完善，在一定程度上影响着科技创新的发展，主要体现在以下几个方面。

（1）当员工在科技创新活动中取得一定成就时，没有及时给予物质奖励和精神激励。

（2）企业的考核机制权责不明，有的企业甚至将考核权力交给非直属领导，考核的内容并不全面，不能全方位衡量科创人员。同时，考核的标准也比较模糊。

（3）企业中的激励机制并不全面，没有建立完善的、规范的激励流程，不能很好地激励员工上进。

导致科技创新管理考核机制不完善的原因是多方面的，主要包括以下几个因素。

（1）企业科技创新活动，尤其是技术研发等工作涉及的方面比较广泛，且无法用具体的数字加以衡量。

（2）企业科技创新活动周期较长，需要经过计划、研发、生产、物流、销售等一系列步骤，创新产品才能最终进入市场，其环节较多，难以对每个环节进行有效监督和考核。

（3）目前企业科技创新管理工作多数采用汇报审批制的管理模式，无法对项目进行事先考核和事后监管，监督往往不到位。

### （五）产学研未协同

长期以来，企业并没有成为科技创新的主体，其在科技创新活动中发挥的作用有限，而大多资源集中在高校和科研院所。

实际上，企业才是科技创新的主体，因为只有通过企业，大量的科技创新成果才能实现商品化，最终为社会创造一定的经济效益。因此，产学研要协同合作，企业应和高校、科研院所积极合作，将科技创新成果商业化。

目前，很多企业已经逐渐意识到产学研协同创新的重要性，并积极开展相关合作，涌现出一批批协同创新的成果。然而，从整体上看，企业进行产学研协同创新的能力仍然有待提高，主要体现在以下几个方面。

（1）企业没有以市场为导向，以自我技术和产品研发为核心，因此开发出的科技创新产品不能很好地满足市场需求。

（2）企业并没有充分应用高校中的技术人才和技术资源来提高自己的核心竞争力，科技力量不够强大。

（3）企业缺乏必要的管理手段对科技创新进行管理和协调，无法利用外部资源推动科技创新。

### （六）信息化水平不高

在大数据时代，信息化手段可以增强企业科技创新管理的能力，提高科技创新的水平和效率。信息化改变着企业传统的管理方式，将企业各个部门、各个生产环节连接为整体，使企业可以有力地面对外来风险。

企业科技创新活动中，利用信息化、网络化、数字化手段，可以有效避免重复的设计，有利于企业根据用户的需求找到科技创新的"切入点"，同时可以有效控制研发的进程，提高资源的利用率，并加强企业和外部信息之间的流通，最终提高企业科技创新管理能力。

然而，目前大部分企业尚未建立科技创新管理信息系统，往往依赖人工对文档资料、人员、进度、计划、资源等进行管理，因而效率比较低下且存在一定的偏差。除此之外，尽管部分企业宣称已具有科技创新管理信息系统，但大多数指的是研发中的电子化文档保存系统和简单的开发软件，并不能实现同步开发、控制研发进度等功能，企业的信息化水平仍需进一步提高。

# 第二章
# 企业科技创新管理的内容

企业要想实现科技创新，首先需要制定创新战略，然后从这个战略出发，经过研究开发和科技成果转化两个步骤落实该战略。制定科技创新战略是企业科技创新的首要环节，其主要任务是确定科技创新的目标，选择科技创新的模式；研究开发是科技创新的重要环节；科技成果转化是科技创新的价值实现环节，成果转化有多项测度指标和多种实现方式。企业需对科技成果的知识产权进行管理与保护，有效利用知识产权，防范知识产权侵权行为发生等。

# 第一节　企业科技创新战略

企业进行科技创新必须从制定科技创新战略入手。制定科技创新战略也是企业科技创新管理的重要内容。企业科技创新战略是指企业以超越竞争对手，实现健康、快速和可持续发展为目的，以增强科技创新能力、提高综合竞争力为主要内容，制定的带有全局性、根本性和长远性的谋划，包括方针、愿景、目标、任务和措施等。

## 一、企业科技创新战略的意义

企业科技创新战略有利于企业解决科技创新中面对的全面性、长期性和方向性的问题，因此对企业发展的影响是深远的。一般而言，企业制定科技创新战略的意义包括以下几个方面。

### （一）确定发展方向和突破口

制定科技创新战略有利于企业全面、深入地了解其所处的外部环境和所具备的内在条件，并分析其发展中的机会与挑战，有利于企业明确其在市场中的位置，确定其定位，确定技术创新的目的，从而准确把握创新方向，寻找突破口，抓住发展先机。

### （二）发现机会

企业制定科技创新战略，是为企业各类中、短期科技创新活动制定一个长期、统一的主题和指导方针，以充分挖掘各种市场机会，以独到的战略视野和策略思维，开发新技术、新产品、新市场。

### （三）合理配置资源

企业制定科技创新策略，可以使资源得到合理的分配，使有限的人才、资金、技术资源等得到最大限度的优化。通过对我国经济、政治、社会等外部环境的分析，找出我国当前科技创新面临的机会与挑战，建立科学合理的科技创新目标与策略模型，并充分发挥外部优势，实现科技创新的目的。

### （四）统一全体职员的思想

企业制定科技创新战略，能使员工团结一致，提高员工的凝聚力，激发员工的积极性、主动性和创造性。在制定科技创新战略的过程中，要充分动员广大员工积极参与到科技创新战略的制定、决策、实施中，使员工对科技创新有正确理解，进而培育全体员工的创新精神。

### （五）降低创新风险

技术风险、市场风险、投资风险等是企业经营管理过程中面临的风险，主要源于企业的业务流程，尤其是技术创新方面的不完善。企业制定科技创新战略时会充分考虑企业的内部和外部环境，制定过程开放，充分收集、加工和处理这些环境信息会大大减少由于信息不对称、不完善而产生的风险因素。

## 二、企业科技创新战略的目标

企业科技创新战略目标反映了某一特定阶段企业科技创新活动的方向和实现程度。从其预期效果看，科技创新战略目标可分为短期目标和长远目标，短期目标主要指利润增长，长远目标指长远收益，也就是提高企业的核心能力，尤其是提高核心技术能力。所以，企业科技创新战略目标既有经济目标，也有技术目标。

经济目标主要包括市场占有率、产量、利润。市场占有率主要由市场份额、市场覆盖率、销售收入等决定，反映了企业所占市场规模和市场地位。企业的生产利润主要由企业的生产能力、产品的附加值率、利润总额等决定。

技术目标主要包括专利、商标等知识产权的产出指标，项目立项数、完成数、成功率。

技术指标是阶段性的指标，最后要转变为经济指标。而要达到经济目标，就必须有技术成果。所以，在依赖关系上，经济目的是最终目标，是技术目的的实现；技术目标是经济发展的先决条件，是实现经济目的的基本保证。所以，在设计经济、技术两个目标时，必须对技术目标和经济目标之间的依赖关系以及时间上的前后关系进行全面的分析。如果过分注重经济效益，就会影响技术指标的达成，进而影响长远的效益，就会损害公司的可持续发展能力；过分重视技术目标，不仅会影响经济的发展，也会损害目前的收益，也会动摇人们对技术创新的信心。

## 三、企业科技创新战略的模式

### （一）企业科技创新战略模式的种类

企业科技创新有多种战略模式，而每一种战略模式都有特定的适用条件，因此不同企业需要根据不同的条件选择相应的战略模式。

1. 技术目标型战略模式

根据技术资源的不同，企业科技创新战略可以分为自主开发战略、集成开发战略、引进消化吸收战略和模仿战略。这四个战略都集中在获取技术能力上，以实现技术目的为目标。

自主开发策略主要适用于具有较强技术研发能力或拥有核心技术的公司。

集成开发战略适用于具有良好整合能力的企业。一体化发展，尤其是产学研合作，是获取技术能力的一条捷径。企业要加强产学研协作，充分利用高校和科研机构的科技资源、科研能力和科技人才，以实现科技创新的战略目标。

引进消化吸收战略，适用于技术水平相对较低的公司，它们可以通过引进技术、消化技术、再创新企业需要等方式，大幅度缩短与高科技公司之间的"技术势差"。企业需要有很强的消化吸收能力，不然就"消化"不了引进的先进技术。同时，注意不要侵害技术提供公司的知识产权。

模仿战略主要针对技术水平较低但具备一定研究开发实力的公司。模拟是一个学习先进技术的过程，它可以帮助企业不断积累技术能力，从而缩小和先进技术公司之间的距离，但模仿必须要避免侵犯他人的知识产权。

2. 经济目标型战略模式

经济目标型战略模式是以实现企业的经济效益为主导的战略，主要包括领先战略、追随战略、成本优势战略、差异化战略、专一化战略。

技术研发实力和经济实力较强的企业，通常是业内的领军企业。领先战略可以让企业在竞争中抢占先机，获取垄断利益，但同时存在着巨大的资本投入风险等。普通中小型企业无法采用领先战略。

追随战略适合在所在领域内技术研发实力和经济实力均未达到领先地位的公司。采取该战略，公司不会急于研发新技术和新产品，相反，一旦新的技术在一个新的领域内获得了成功，公司就会立刻复制或者完善它，从而很快占据这个领域。它既可以减少研发投入，又可以克服新技术的潜在缺点，还可以减少新产品的专利权的限制。

成本优势战略适合大规模、高质量经营的公司。以技术革新为基础，对产品的生产过程进行持续改善和优化，以实现规模化的生产，并对生产和经营成本进行严格的控制；以最小的成本投入，获得较高的价位，进而取得较大的竞争优势；又或者，以同样的价钱，赚取更多的利润。在获得更高的盈利水平之后，为了维持生产水平，公司可以在设备、生产流程等上加大投入。

差异化战略适合具备灵活生产技术和高技术创新的公司。为了避免与竞争者直接对抗，公司可以在技术、产品性能、服务、营销网络等方面进行技术革新。差异化战略是以降低市场占有率和提高价格来获得在特定市场中的竞争优势的。

专一化战略适合针对资源有限、能力有限的中小型企业。为了降低管理风险，中小型企业应充分利用自己的资源，在特定的领域内进行专业的管理，例如专门服务于某一特定的客户群。为了在特定的市场上保持自己的竞争力，企业要在保持现有顾客的基础上，持续提升自己的技术创新力和竞争力，持续拓展市场，以应对各种竞争的挑战。

各个经济目标型战略模式之间的比较如表 2-1 所示。

表2-1　经济目标型战略模式的比较

| 战略类型 | 适用范围或条件 | 特点优势 | 备　注 |
|---|---|---|---|
| 领先战略 | 行业中领头羊企业 | 率先占领市场，获得垄断利润 | 投资大，风险大 |
| 追随战略 | 技术开发能力和经济实力均不如行业老大的企业 | 避免大量的研究开发投入，克服新产品可能隐藏的缺陷 | 面临专利保护和市场开拓有限性的制约 |
| 成本优势战略 | 规模化生产、管理水平高的企业 | 单位产品的成本最低 | 保持成本上的领先地位 |
| 差异化战略 | 柔性制造能力强的企业或科技创新型企业 | 在细分市场上拥有竞争优势 | 以牺牲市场份额、较高的成本为代价 |
| 专一化战略 | 资源、能力有限的中小企业 | 维护在专一市场上的竞争优势 | 维护好已有客户群体 |

**（二）选择企业科技创新战略模式的依据**

选择科技创新战略模式，有两种基本的方法：一是基于企业外部环境的分析，二是基于企业自身资源与能力的分析。

1.基于企业的外部环境

基于外部环境的分析方法的理论基础是美国哈佛大学教授迈克尔·波特的市场引力理论和"五力分析模型"。市场引力理论是指利润来自市场，取胜的关键在于确定有吸引力的竞争领域。"五力分析模型"是指决定行业潜在盈利的五种力量分别为现有公司之间的竞争、新进入者面临的障碍、购买者的议价能力、供应商的议价能力和潜在产品或替代服务的威胁。任何一家企业都处于由供应商、客户、同行竞争者、潜在竞争者等构成的生态系统中，这个生态系统就是企业的外部环境，即任何一家企业都要受到政治、经济、科技、文化、行业等环境的影响。企业的外部环境发生变化，必将直接或间接地影响企业的科技创新。

企业选择科技创新战略模式时，必须充分分析企业的外部环境，特别要分析外部环境中的机遇和潜在威胁。战略模式的正确选择，既有利于企业抓住机遇，又可有力地化解威胁。

2.基于企业自身的资源与能力

基于企业自身资源与能力的分析方法的理论基础是美国经济学家哈梅尔和普拉哈拉德于 1990 年提出的"核心竞争力"。他们认为一个组织是由相对独立的资源、能力、竞争力组成的,这些要素是该组织战略选择的依据,即战略分析的出发点。任何一家企业均有由资金、技术、人才、物质等要素组成的资源,这些资源是企业生存与发展的基础,具有相对独立性。企业资源是否有优势、有多大的优势,不仅取决于要素资源的多少、质量的高低,还取决于要素资源之间的相互关系及要素资源的组合结构。要素资源优化组合所形成的竞争优势将转化为企业的核心能力。这种能力直接表现为融于企业文化的员工所掌握的技能和创造力,因而是无法复制的,是企业独有的。

企业核心能力有以下特征。一是有价值的,主要体现在比竞争对手创造更多的价值或成本更低,这是基于企业拥有创新的技术或专门的技能的。二是企业独有的,即其他企业所没有的,这种独有性是企业在竞争中取得成功的关键,是企业的竞争优势。三是难以复制的,融入了企业文化。每一家企业均有自己独特的文化,企业文化是无法复制的。因此,融入了企业文化的核心能力是无法复制的。如果要复制,也只是形同而神不同。四是长期积累的,企业的核心能力不是一天两天、一年两年就能形成的,而是长期积累起来的。因此,企业的核心能力不会被替代,只能被不断完善和提升。如果企业的能力被随意替代,则这种能力绝不是核心能力。五是相对的,一家企业不可能取得全面的竞争优势,只能相对于竞争对手的某一方面或某几个方面存在优势。因此,企业的核心能力是相对的,不是绝对的。如果一家企业相对于竞争对手具有优势,并充分发挥这种优势,就能保持较强的竞争力,立于不败之地。

企业制定科技创新战略、选择科技创新战略模式时,必须充分分析企业的内部条件,包括人才、资金、技术基础、物质条件、管理水平等,特别要分析企业的核心能力。基于企业的核心能力制定的科技创新战略,自然符合企业的实际，必然能促进企业健康、持续、快速的发展。

综上所述，在制定科技创新战略、选择科技创新战略模式时，企业综合运用上述两种分析方法，就可以做到知己知彼、扬长避短，从而做出正确的选择。

# 第二节　企业科技研发管理

研究开发是科学研究和技术开发的简称。科学研究是对一些现象或问题进行调查、取证、讨论等活动以获取客观事实，再通过演绎、推理、分析和综合等创造性思维工作，从客观事实中得出普遍规律的过程。因此，科学研究可分为了解事实、认识规律两大过程。技术开发是为了在生产经营中应用新技术成果而进行的有关新设备、新工艺、新材料、新产品和新操作技能的研究实验，包括设计、试验和生产技术准备等一系列工作过程，前承科学研究，后启企业生产。研究开发是企业最重要的科技创新活动，因此研究开发管理是企业最重要的科技创新管理内容。

## 一、主要研发方法

研究开发是主要的科技创新活动，企业研究开发的核心是产品开发。虽然研究开发是创造性脑力劳动，但是也有规律可循。目前，企业的研究开发方法主要有产品及周期优化法（PACE）、集成产品开发法（IPD）和模块化产品开发法。

### （一）产品及周期优化法

PACE 的英文全称是 Product and Cycle-time Excellence，由美国 PRTM（Pittiglio Rabin Todd &. McGrath）公司提出的，旨在帮助企业在产品开发的各个阶段取得一系列的成果，缩短产品开发的 TTM（Time to Market 产品上市周期），增加 R&D 社会投资回报率。由迈克尔·E.麦格拉思编著，上海贝尔阿尔卡特股份有限公司徐智群、朱战备等翻译的《培思的力量——产品及周期优化法在产品开发中的应用》对产品及周期优化法进行了系统的阐述。

PACE 由七个相互关联的要素构成，即阶段评审流程与高效决策、项目组织的核心小组、结构化产品开发、设计技术及自动化开发工具、产品战略、技术管理和管道管理。

阶段评审流程可被看作一个漏斗，在概念形成阶段会有许多创意涌入，经过一系列筛选决策，就只剩下很少一部分项目会得到适当投资并极有可能获得市场成功。

PACE 定义了五个阶段，阶段 0 为概念评估、阶段性 1 为计划和规范、阶段 2 为开发，阶段 3 为测试和评估、阶段 4 为推出产品。在开发过程的每一阶段结束时，企业应召开阶段评审会议，决定项目是继续、取消或是变更方向。

项目组织的核心小组是产品开发流程中的一个关键要素，一个高效的项目小组能极大地增进沟通、协作和决策。核心小组通常由 5 ～ 8 个具有不同技术的成员及一个核心小组组长组成，是一个跨职能的团队。每个核心小组均有一个指导和引导小组工作的领导人，即组长。

结构化产品开发是开发新产品的实质性工作。产品开发包括阶段、步骤、任务和活动四个层次。一般来说，每个阶段有 15 ～ 20 个主要步骤，每一步骤有 10 ～ 30 项任务，而每一项任务又有几个到 30 或 40 个不等的活动。

设计技术及自动化开发工具在产品开发流程中起着越来越重要的作用，主要分为设计技术和自动化开发工具两类。设计技术，如 QFD（质量功能展开）、DFA（优化装配设计）、DFM（可制造性设计），能促进产品成功并达到相应的运作效率。自动化开发工具包括设计工具（如 CAD/CAE/CAM、CASE、机械设计工具等）、模拟工具、开发工具，如集成电路开发工具、项目管理和执行工具（如项目计划工具、财务分析工具、会议电视、群件等）。

产品战略是新产品开发的起点，为产品开发提供指导方向或路标。产品战略包括战略愿景、产品平台战略、产品线组合和新产品开发。

技术管理是整个产品开发流程的组成部分，其作用是发现应用新技术的机会、启动技术开发项目、提高企业的核心竞争力。开展技术管理之前首先要明确产品战略，将技术开发与产品战略联系起来。联结技术开发和产品战略的是技术转化环节。在产品开发的过程中，企业应成立技术过渡小组，并制订技术转化计划，完成从产品战略到技术开发的过渡。

当有多个产品开发项目时，企业可通过管道管理确定项目的优先次序，更合理地部署开发资源，并将职能部门的能力和项目要求匹配起来。

## （二）集成产品开发法

IPD 的英文全称是 Integrated Product Development，它是在并行工程研究的基础上，融合项目管理的思想发展起来的，已成为一种卓越的产品开发模式。在 PRTM 提出 PACE 的 5 ～ 10 年里，哈佛大学、IBM 公司等开始重视解决与产品开发相关的问题，20 世纪 90 年代初，IBM 公司率先应用 IPD，IPD 目前在国际上已得到广泛应用。

IPD 是以 PACE 为基础的，把产品开发看作一个过程，按其逻辑性划分为概念、计划、开发、测试和发布五个阶段。其核心思想有以下几点：一是将新产品开发作为一项投资决策，在开发过程设置检查点，通过阶段性评审来决定项目是继续、暂停、终止还是改变方向；二是基于市场确定开发目标，把正确定义产品概念、市场需求作为流程的第一步；三是开展跨部门、跨系统的协同，通过有效的沟通、协调以及决策，达到尽快将产品推向市场的目的；四是采用异步开发模式，通过严密的计划、准确的接口设计，把原来的许多后续活动提前进行，以缩短产品上市时间；五是采用公用构建模块提高产品开发的效率；六是采用结构化的流程，在非结构化与结构化之间找到平衡点。

国内首家实施 IPD 并受益最大的公司是华为，华为聘请 IBM 为 IPD 顾问。华为采用 IPD 后，把以前由研发部门独立完成的产品开发，变成全流程、跨功能部门的团队运作，打通部门隔阂之墙，保持应有的活力和敏锐性，产品研发周期大大缩短，开发风险也大大降低。

### （三）模块化产品开发法

模块是构成产品的一部分，而构成产品的模块应当同时具备以下条件：一是具有独立的功能，单个模块的改进不会影响其他模块，对零部件的更改和产品功能的完善不会引起其他零部件和功能的调整。二是有标准的几何连接和一致的输入、输出接口。几何连接接口可以是机械领域的鞘、面、键和螺栓等，也可以是电器领域的信号、能量等。输入、输出接口是模块功能的抽象，可以是能量、信息、物质（液体、气体）等，是定义该模块功能的输出标准和能够保证输出特定功能所必需的输入条件标准。三是模块的存在和划分必须以产品平台的整体功能为前提。如果失去产品平台的定义和产品平台的配置需求，模块就没有了实际意义。四是模块可以分层次，即模块可以包含子模块，子模块的功能应该是父模块的基本功能。

模块化产品开发过程大致可以分为四个步骤：第一步是抽象化产品平台，即根据用户需求和目标市场分析，定义产品平台的主要功能，并将其分解成主要的支撑实现功能及其相互之间的输入和输出。在此基础上将企业的产品划分为不同的产品平台。第二步是详细划分模块。模块划分应基于企业的特定需求（包括客户需求、产品研发特点）、生产和采购实际、产品的维修服务需求等。模块的划分应充分考虑整个产品生命周期中各个环节的需求。第三步是按功能重组研发团队，可将某个模块或者某些功能相关的模块分配给一个研发团队，并定义好不同研发团队之间的接口标准。模块的合理划分和研发团队划分是实现产品并行开发和并行试验验证的基础。第四步是不断修订模块方案。企业应随着市场和业务的变化对产品模块方案做出相应的调整。

## 二、研发课题管理

企业开展研究开发活动必须制订研究开发计划，根据《国务院办公厅转发科技部等部门关于国家科研计划实施课题制管理规定的通知》（国办发〔2002〕2号）的规定，企业的科研计划应当实施课题（项目）制管理，即企业研究开发管理应实行课题制管理。课题制是指按照公平竞争、择优支持的原则，确立研究开发课题，并以课题为中心、以课题组为基本活动单位进行课题组织、管理和研究活动的一种科研管理制度。课题也被称为项目，课题制实际上就是研究开发项目的立项制，主要包含以下三项机制。

（1）建立评议和决策相结合的课题立项审批机制。在课题立项中，要充分发挥企业职工的作用，广泛征求意见，必要的情况下，可以咨询同行专家，发挥社会中介机构的作用，确保课题立项的科学性。

（2）建立符合科研活动规律的预算管理机制。企业对课题实行全额预算管理，细化预算编制，并对课题预算进行评估评审。

（3）建立健全监督机制。企业应按照经费预算、课题计划进度、课题目标任务等要求，加强对课题实施全过程监督。

课题管理主要包括以下几个步骤。

### （一）课题立项

课题立项应遵循科技发展规律，通过建立科学高效的研究开发管理机制，促进企业不断完善研究开发管理制度体系，提高研究开发管理水平。

企业的课题主要来源于三个渠道：一是市场部门对市场的调研，如市场部门通过参加各种展览会了解行业发展的新趋势、新需求；二是客户的新需求，如客户向企业提出功能上的新要求等；三是企业提出的有关改进产品、改造设备、提升管理能力等方面的要求，如鼓励员工提出合理化建议。企业的科研管理部门广泛收集来自各个部门或员工的立项建议书，经过筛选、调查、分析、评估、评审等程序，确定课题。制定课题立项的可行性方案和计划任务，编制经费预算，按照规定的程序经企业技术委员会评审通过后，再经企业立项决策程序批准。项目立项后，科研部门按照课题要求进行研究开发。如果企业没有成立技术委员会，可以成立课题立项评审小组，由企业领导、有关部门负责人和专业人员组成。

企业课题由科研管理部门归口管理。一些企业设立总工程师办公室、技术管理部或科研管理部等机构负责研究开发管理，或者指定一个部门负责研究开发管理。为保证课题的顺利进行，应当明确课题的责权利，实行课题责任人负责制。课题责任人在批准的计划任务和预算范围内享有充分的自主权。每一个课题都必须确立一个课题责任人，由课题责任人牵头组成课题组。课题组成员可以跨部门、跨单位择优聘用。课题责任人应组建一个结构精干、人员相对稳定的课题组，课题组人数及主要成员由归口部门确认。

**（二）课题组织管理**

企业科研管理部门对课题进行归口管理，在课题实施过程中履行管理、指导和监督职能。

课题管理实行合同制。企业与课题负责人签订合同，明确课题负责人的权利义务，落实自主权。课题的知识产权权属及相关的奖酬分配、预算经费结余的奖励和超支的处罚等必须在合同或任务书中明确，避免课题完成以后产生纠纷。

在课题执行中，如果出现技术路线或主要研究内容调整、课题组主要研究人员变动以及其他可能影响课题顺利完成的重大事项，课题责任人应及时向归口的科研管理部门报告，并按规定的程序报批。

### （三）课题经费管理

课题经费支出预算包括课题管理费和课题研究费。课题管理费是由科研管理部门使用、为管理课题需要支出的费用，包括课题遴选、评审、预算评估、跟踪检查以及后评估等支付的费用。课题研究费是在课题研究过程中发生的所有支出，包括与课题研究有关的所有直接费用和间接费用。直接费用是指课题研究过程中使用的可以直接计入课题成本的费用，一般包括人员费、设备费及其他研究经费等。间接费用是指为实施课题而发生的难以直接计入课题成本的费用，一般包括支付为课题服务的人员费用和其他行政管理支出、现有仪器设备和房屋的使用费或折旧费等。

课题预算编制后，科研管理部门应同财务部门对课题预算的目标相关性、经济合理性等进行审核，确定课题经费预算，并加强预算评估或评审。

为鼓励科研部门在课题执行中节约经费，应实行奖惩制度，与课题责任人的奖金挂钩。对预算经费结余的要给予奖励；对超预算执行的要扣罚一定的奖金。

经批准的经费预算必须严格执行，一般不做调整。由于课题研究目标、重大技术路线或主要研究内容调整，以及不可抗力造成意外损失等原因，对课题经费预算造成较大影响，必须调整预算的，应按规定的程序报批后，对经费预算进行调整。

课题完成后，要按规定编报课题研究费决算，最终核实课题经费，并作为奖惩的依据。

### （四）课题验收

课题完成以后必须进行验收。课题验收包括技术成果验收、固定资产验收以及财务决算。课题验收要以批准的课题可行性报告、合同文本或计划任务书约定的内容和确定的考核目标为依据。用课题研究费购置的资产属于企业固定资产。

如果课题因故终止，必须按规定的程序报经科研管理部门批准。课题终止后，要按规定及时清理账目与资产，处置剩余经费。课题研究形成的知识产权归企业所有。但企业应当按照《中华人民共和国专利法》（简称《专利法》）、《中华人民共和国合同法》（简称《合同法》）和《中华人民共和国促进科技成果转化法》（简称《促进科技成果转化法》）等有关法律法规，兑现有关的奖酬。

### （五）课题后评估

课题完成以后，科研管理部门、财务部门应对课题任务完成情况、课题合同执行情况及课题经费使用情况进行监督检查并开展绩效考评工作。课题监督管理要做到客观、公正、及时且不得干扰和干预课题的正常实施。

绩效考评不只是考评课题是否完成预定的计划任务，更重要的是要考评课题立项的前瞻性、技术成果的创新性、技术路线的科学性、技术产品的成熟性、经费投入的经济性、投入产出的合理性、知识产权保护的完整性、课题组成员积极性与创造性的发挥等。绩效考评不只是对过去的考核，更重要的是为以后的课题研究提供正确的指导，积累丰富的经验。

## 第三节　科技成果转化

科技成果是指通过科学研究和技术开发等创新活动取得的具有一定实用价值的创造性劳动结果，具有创新性、先进性、实用性和成熟性的特点。根据《中华人民共和国促进科技成果转化法》（以下简称《促进科技成果转化法》）的规定，科技成果转化是指为提高生产力水平而对科学研究与技术开发所产生的有实用价值的科技成果进行的后续试验、开发、应用、推广直至形成新产品、新工艺、新材料，发展新产业等活动。它包含五层含义：科技成果转化的目的是提高生产力水平，实现成果的价值；科技成果转化的基础是科学研究与技术开发所产生的有实用价值的成果；科技成果转化活动的内容包括后续试验、开发、应用、推广等；科技成果转化的形态是新产品、新工艺、新材料；成果转化的归宿是发展新产业。成果转化要实现两个组合：一是技术组合，将技术转化为产品；二是资源组合，将产品发展为产业。前者以技术开发为核心，后者以开拓市场为核心。

## 一、科技成果转化指标

科技成果转化指标主要有以下几项。

（1）商品化：把科技成果转化为商品并进入市场，包括定价、促销、广告、渠道建设等。

（2）产业化：包括科技成果的产品化、商品化和规模化。

（3）国际化：主要指创新产品市场、企业经营活动的国际化和国外新技术的本土化，体现在创新产品出口额大小、创新技术产品出口结构是否合理和国外新技术大企业本土化进程快慢等方面。

（4）新产品销售收入占企业营业收入总额的比重（％）：主要反映新产品对企业营业收入的贡献大小，进而反映企业新产品开发能力和新技术成果转化能力。

（5）专利产品销售收入占企业营业收入总额的比重（％）：主要反映在企业营业收入中受专利权保护的技术产品所占比重，进而反映企业专利技术成果转化能力。

（6）新产品上市速度：从新产品开发立项到进入市场销售的时间，主要反映企业科技成果转化速度。如果企业新产品上市速度比竞争对手更快，表明该企业科技成果转化能力更强，更具有竞争力。

（7）企业新产品开发平均速度：企业在一定的时期里，开发所有新产品所花费的时间总和除以企业开发的新产品总数，主要反映企业新产品开发速度，进而反映企业新产品的开发能力。

（8）企业新产品收支平衡的时间：企业从新产品开发立项到实现收支平衡所花费的时间，反映了企业某项新产品开发与转化能力，进而反映了企业新产品开发投资风险。而企业新产品收支平衡的平均时间则反映了企业新产品开发与转化能力。

（9）市场占有率：科技成果转化所生产的产品或提供的服务的销售量（或销售额）与市场上同类产品或服务销售总量（或销售总额）的比值。

在以上指标中，前三者是定性指标，后六者是定量指标，反映企业科技成果的转化情况。

## 二、科技成果转化方式

科技成果转化有多种方式，《促进科技成果转化法》第十六条规定，科技成果持有者可以采用下列方式进行科技成果转化。

（1）自行投资实施转化：企业内部消化科技成果，实行科工贸、科农贸一体化经营。由于成果转化的主体是企业，企业自主开发的成果基本上采取这种方式进行转化。

（2）向他人转让该科技成果：企业把科技成果本身或其使用权、转让权转让给他人，交付成果，获得报酬。接受成果的一方具有实施成果的条件，并通过成果转化能获得较大的收益。这实际上就是技术转让。根据《合同法》的规定，技术转让的种类包括专利申请权转让、专利权转让、专利权实施许可和技术秘密转让四类，转让形式包括实行技术经济联合和委托研究开发技术，前者实际上是技术入股，后者实际上是一种"技术订货"。

（3）许可他人使用该科技成果：企业在自己实施该科技成果的情况下，允许他人使用该科技成果，获得一定的许可使用费。获得使用权的人只拥有成果的使用权，不能将该成果转让给他人。

（4）以该科技成果作为合作条件，与他人共同实施转化：这实际上是技术合作，企业以科技成果或部分资金、机器设备等为合作条件，与他人合作。合作各方只约定合作条件和收益分配方式或者是否成立经济实体，但不存在股权关系。

（5）以该科技成果作价投资，折算为股份或者出资比例：这实际上是技术入股方式。企业以科技成果作价出资，与其他合作方共同成立一家公司或企业等经济实体，出资各方按照股权的大小享有权利，分享收益，并承担相应的经营风险。

第二、三种方式属于技术转让，一般以技术贸易方式进行。第四、五种方式是合作、合资或股份制经营方式，按照协议分配利益，或按出资比例或股份分红。

## 三、科技成果转化投入和产出

成果转化必须进行大量的要素投入，实施一系列的转化活动，才可能有产出，图 2-1 是成果转化的投入产出模型，由要素投入、转化过程、创新产出和反馈四个部分组成。

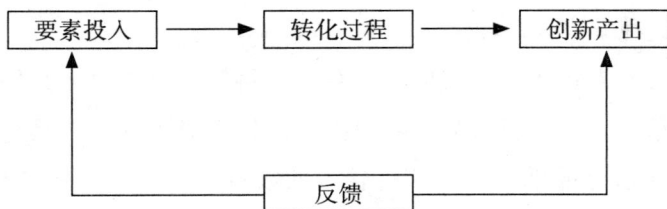

图 2-1　科技成果转化的投入产出模型

### （一）要素投入

要素投入包括人力、财力、物力和信息等要素投入。人力是指实施科技成果转化的科研人员、技术人员、工程人员、管理人员、营销人员和服务人员。财力是指投入成果转化的经费，包括通过自筹银行贷款和以其他方式获得的、投入成果转化的各种资金。物力是指实施成果转化所需的土地、场所、设施、仪器设备、实验装备，以及水、电、气及各种原材料等。信息是指实施成果转化所需的市场调查、需求分析、规划计划、技术方案、图书文献、技术档案等资料。

### （二）转化过程

在成果转化过程中，需要进行后续试验、开发、应用、推广等一系列技术开发活动，还需要进行业务模式创新、渠道创新、服务支持、营销推广等市场开发活动。试验是验证产品设计和工艺设计是否合理，是否符合实际要求所进行的研究活动，是实践、修订、再实践、再修订的多次反复的过程。试制是在研制新产品过程中，通过试验、试用等验证新产品是否符合实际要求，并不断地进行修改完善，直至研制出符合要求的新产品。开发是应用一定的技术将研究成果转变为产品的过程。应用是把成果转化所获得的新产品、新工艺、新材料和新服务用于生产与生活之中。业务模式创新是指企业在科技成果转化中，需要对企业的业务模式进行调整或更新，以适应市场需求。渠道创新是指开发适应新产品进入市场的销售渠道。服务支持是指新产品进入市场以后，为解决可能遇到的各种技术问题而需要提供的各种服务。营销推广是指企业为将新产品推向市场而采取的各种促销活动。

成果转化过程是将投入要素转化为产出的过程，是将无形的知识转化为有形的产品或服务的过程。

### （三）创新产出

科技成果转化一般会有四种的产出：一是新知识、新技术，主要表现为专利、商业秘密等；二是掌握了新知识、新技能的人才；三是进入市场的新产品、新服务；四是新产品、新服务进入市场实现销售的收入和利润。

## （四）反馈

成果转化是系统性的过程，是多次循环往复的过程。企业投入各种要素进行成果转化活动，实现了经济回报，培养了人才，获得了新的知识，但企业不会就此止步，必然会在经过总结、反馈后投入新一轮的成果转化活动中，以获取更大的经济回报，从而进入成果转化的良性循环。

## 四、科技成果转化过程

成果转化涉及三个维度：一是时间维，成果转化有较强的时序性，即遵循从原理性实验到应用性实验，再到小试、中试、试生产等次序过程；二是技术维，即需要相关技术的支持，如科技原理、技术标准、元器件等；三是协同维，需要产业、金融、中介服务等支持。成果转化的过程大致可分为市场预测、成果产生、成果转移和成果使用四个阶段，如图 2-2 所示。

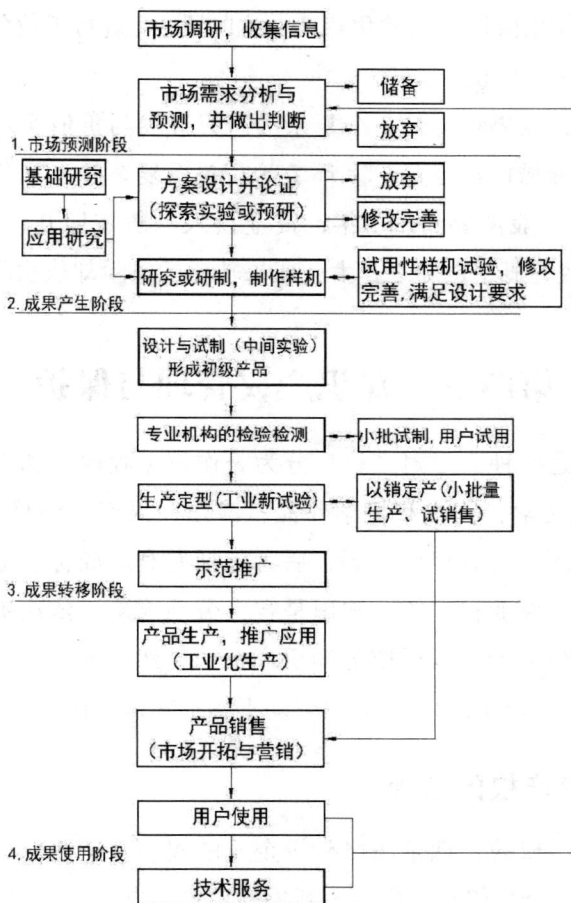

图 2-2　科技成果转化过程

（1）市场预测阶段（可行性分析阶段）：成果转化必须以市场需求为导向，在成果转化之前应进行需求分析和市场预测。有市场需求，才能实施成果转化，因此企业在成果转化过程中必须始终关注市场需求的变化。

（2）成果产生阶段（研究开发阶段）：进行样机（品、件）研制与试验，形成产品雏形。

（3）成果转移阶段（产品化阶段）：通过中试进行批量试制、试用和工业性试验，以及生产定型。

（4）成果使用阶段（商品化和产业化阶段）：进行工业化生产，开拓市场，实现成果的价值。

由此可知，成果转化是一个复杂的研究开发与价值实现的过程，涉及科技和经济领域的广泛的、多环节的、关系复杂的系列化活动。从市场预测到投产一般需要 3～7 年，资金投入一般按照 0.1：1：10：100 放大，失败的概率也随之越大，成果转化的风险却依次降低。

# 第四节　知识产权管理与保护

知识产权是一种无形财产权，分为著作权（版权）和工业产权两大类，前者包括文学、艺术和科学作品，演出、录音、录像、广播作品，制图、技术绘图，计算机软件等；后者包括专利、商标、标记名称、制止不正当竞争、商业秘密等。知识是智力劳动成果，依法被确认或依法被保护取得法律上的产权后成为知识产权。显然，没有依法被确认或依法被保护取得法律上的产权的智力劳动不属于知识产权。

## 一、知识产权的管理

加强知识产权的管理是法律赋予企业的权利。企业保护自身知识产权，维护自身的合法权益，可以不断提高自身的自主创新能力。

加强知识产权的管理可以从以下几个方面着手。

### （一）明确知识产权权属

尽管《合同法》《专利法》《中华人民共和国著作权法》（以下简称《著作权法》）等法律法规对职务成果、非职务成果、委托完成的成果和合作完成的成果的知识产权归属有原则性规定，但法律法规也允许在一定条件下约定知识产权的归属。例如，为了完成企业任务、主要利用企业的物质技术条件等创作完成的成果的知识产权归企业所有，但法律也允许当事人约定知识产权的归属。因此，企业在创新过程中应通过制度安排或与相关人员签订协议，明确知识产权的权利归属。在具体操作上，企业可以要求员工签署《知识产权承诺书》，保证其在职期间或离职后一定期限内，利用企业的物质技术条件、为完成企业工作任务等产出的发明创造的知识产权归企业所有。

**（二）及时申请知识产权保护**

企业应建立知识产权登记保护制度，包括专利申请、商标注册、著作权登记三方面的内容。企业一旦取得新技术成果，应当权衡利弊，决定是否申请专利进行保护。如果新技术产品投放市场容易或能够被他人仿制、通过反向工程解析等，则应当在新产品进入市场前申请专利；否则，应作为企业商业秘密通过保密措施加以保护。企业应制定品牌发展战略，对企业标识、商品商标、服务商标等向国家知识产权局商标局申请商标注册登记；对计算机软件作品，应主动申请著作权登记，以获得更好的法律保护。

**（三）企业知识产权核算**

企业应对知识产权进行归档，进行知识产权核算。要全面记录知识产权取得、保护、实施等整个创造过程中不同阶段的人员投入、经费使用、原材料消耗、仪器设备的使用等，完整地核算知识产权的成本，包括研发成本、管理成本和转移成本等，按照资产的属性建立完整的知识产权档案，包括技术档案、财务档案，以保证知识产权完整的财产属性。

企业在进行知识产权核算时，应遵循企业会计核算的一般原则，以知识产权投入为基础。企业自行研究开发取得的知识产权按实际净支出核算；企业购入的知识产权要按实际支出价款核算；企业接受捐赠的知识产权，按照所附单据或参照同类知识产权价格评估后计价；企业转让知识产权的，取得的收入计入企业收入，国家另有规定除外。企业转让知识产权所有权的，转让成本应按转让知识产权的残余价值计算。企业转让知识产权使用权的，应将为履行出让合同所规定义务时发生的费用作为转让知识产权使用权的转让成本。

### （四）企业知识产权评估

商品的价值是由生产该商品的社会必要劳动时间决定的，但知识产权"生产"的独创性决定了不能用社会必要劳动时间来衡量知识产权的价值。知识产权的价值可以根据"生产"知识产权所花费的劳动时间或者知识产权的价格，或者转移到知识产权制成品上的价值量近似地估计，即从知识产权生产成本、市场价格和未来取得的收益三个角度来评估，分别称为成本法、市场法和收益法。成本法是一种以取得知识产权所耗费的各种费用之和的现值为主要依据确定该知识产权价值的评估方法。市场法是一种将被评估的知识产权与最近已发生交易的类似知识产权进行对照与比较，以已发生交易的类似知识产权的既知价格为基础加以修正，得出被评估知识产权价值的评估方法。市场法的应用有两个前提：首先有一个充分活跃的知识产权要素市场；其次是作为对照的类似知识产权的交易情况是可得的，而且是按公平市价进行交易的。收益法是一种使用适当的还原利率，将被评估知识产权的未来收益折算为现值的评估方法。该方法根据该知识产权制成品的市场应用及获利大小间接地确定该知识产权的价值。三种评估方法从不同角度对知识产权进行评估，得出的结果可能相差很大。可将三种方法综合、比较地应用，有助于相互验证，相互补充，使评估结果更加合理。

专利是一种重要的知识产权，专利评估应当考虑以下因素：专利类型，是发明专利、实用新型专利或是外观设计专利，是否授权以及年费交纳记录、有效的保护期限、实施情况、市场价值等。这些因素均影响其价值。商标评估应考虑以下因素：是否核准注册，以及保护期及续展情况、商标的驰名程度、市场影响等。版权评估应考虑是否存在演绎作品，作品中是否有抄袭、汇编等成分，是否有权利限制等。

### （五）及时制止侵权行为

企业一旦发现他人侵犯企业的知识产权，就应该果断地采取有效的措施加以制止。必要时，应当诉诸法律。

## 二、知识产权的利用

知识产权是一种无形的、潜在的财产权，必须通过实施、利用实现其经济价值。知识产权的利用主要包括著作权的利用、专利权的利用和商标权的利用。

### （一）著作权的利用

著作权人可以自己使用作品或者授权他人以一定方式使用其作品获得物质利益。这里的"一定方式"主要包括复制、发行、展览、广播、出租等十多种形式。著作权的利用既是著作权人行使著作权的权利，又是著作权人实现其权益的一种途径，主要体现为对著作权的转让和许可使用。著作权人可将著作权转让给他人，获取转让收益。在著作权的许可使用中，被许可人只能按照约定的方式、地域范围和期限使用，未经著作权人的同意不得再许可第三人使用。

### （二）专利权的利用

根据《专利法》的规定，专利权人可以以生产经营为目的制造、使用、许诺销售、进口专利产品或使用专利方法实施专利。专利权人还可以通过向他人转让专利权、专利权的实施许可等方式实现专利权的权益。订立专利权转让或专利权实施许可合同应当注意：一是专利权有效，无效的专利技术进入公有领域，无转让或实施许可的价值；二是专利权许可方式，专利权的实施许可有独占实施许可、排他实施许可、普通实施许可和分许可等方式，不同的许可方式所获得的收益不同；三是转让的内容或专利实施许可的内容，如是制造权、使用权还是销售权或许诺销售权等，转让或许可的内容不同，所获得的收益也不同；四是专利权实施许可的有效期和地域范围，有效期和地域范围不同，所获得的收益也不同；五是专利权转让或专利权实施许可的使用费计算办法和支付方法，可以采取最低年使用费、最高额使用费、按件付费和按净收入等计算支付标准和支付办法；六是违约责任，即一旦违约，违约方应当承担的责任。当然，还应当包括对专利技术的后续开发和改进的知识产权归属和交换条款、技术指导和技术服务条款、担保和保证条款等。

### （三）商标权的利用

企业利用商标的形式比较多，可直接附着于商品、商品包装或者有关容器，也可在商业广告、产品说明书等商业文件中使用。企业在使用注册商标时应当标明"注册商标"字样或者标明注册标记，无法在商品上标明的，应当在商品包装、商品附着物或者说明书上标明。企业在使用注册商标时应注意：一是企业应严格限制在核定使用的商品和服务上使用核准注册的标志，不得随意改变核定的商标标志和扩大核定使用的商品和服务，否则属于自行改变注册商标的行为，违反了商标法的有关规定，最高可被处以撤销该注册商标的处罚；二是使用注册商标时应加注注册标志，以防止他人的侵权行为，也便于消费者购买其商品；三是取好商品名称，防止商标名称通用化；四是保存商标使用的相关证据，包括显示商标最早使用时间和商标广告宣传情况的发货单、销售合同等，以维护自身的合法权益；五是新产品投放市场时，不要轻易使用著名商标，防止因新产品不成熟、质量不稳定，影响著名商标的声誉，应在生产工艺成熟、质量稳定以后使用著名商标来拓展市场；六是企业的商品档次不同时，应使用不同的商标，避免高档次的产品与低档次的产品合用一个商标。

企业在许可他人使用其商标时，应当对被许可人的企业情况、资信情况、生产能力、质量保证能力和售后服务等方面进行考察，并监督其产品质量，以免因被许可企业的产品质量下降，影响自身的商标信誉。

## 三、构建知识产权管理体系

企业应建立和完善知识产权管理体系，健全知识产权管理制度，制定知识产权战略，确保在科技创新中的知识产权得到切实有效的保护。知识产权管理体系的构建主要包括以下几个步骤。

### （一）建立知识产权管理机构

企业的知识产权保护涉及科研、生产、采购、营销等各个环节，涉及行政、人事、财务、后勤等各项职能。企业要确保在经营的各个环节、管理的各项职能中保护好知识产权，必须建立完善的知识产权管理体系，成立知识产权管理领导小组，设立知识产权管理部门或岗位。企业知识产权管理领导小组可由相关的技术骨干、业务经理、市场人员、法务人员、法律顾问等组成，具体负责以下事项：制定和完善企业知识产权管理制度；对涉及企业知识产权的事项进行决策；对知识产权工作进行奖惩；组织开展对员工的知识产权教育和培训等。企业的知识产权管理部门或岗位具体负责以下事项：针对企业知识产权工作方面存在的问题提出建议；向企业各部门提供有关知识产权方面的法律咨询；管理、指导、协调和督促企业各部门知识产权相关工作；建立公司知识产权档案；负责或协助中介组织办理知识产权的登记申请事项；涉及对外重大知识产权的洽谈；监测企业知识产权侵权的行为，协助处理知识产权诉讼事宜。

## （二）建立和完善知识产权管理制度

企业应当制定知识产权管理制度，规范以下事项：企业知识产权管理机构及工作职责；知识产权权利归属；知识产权的保护及侵权防范；知识产权侵权发生的处理；知识产权保护的激励与处罚措施；等等。

## （三）加强知识产权培训

企业知识产权保护水平取决于员工的知识产权意识。企业要提高员工的知识产权保护水平，必须通过培训提高员工的知识产权保护意识。企业可采用多种方式开展知识产权培训，如在企业内部刊物、板报、网站上介绍知识产权相关知识、法律法规、最新案例等，不定期地请有关专家来企业讲授知识产权知识，或派遣一些员工参与知识产权培训等。

## （四）完善企业知识产权方面的奖惩机制

企业应按照《合同法》《专利法》《促进科技成果转化法》等有关法律法规的规定，对完成作品、发明创造智力成果的员工给予表彰、奖励或报酬，在企业内部形成有利于创新的企业文化。对在知识产权取得、利用、保护和管理中有突出贡献的，应给予表彰、奖励。而对那些不履行知识产权保护义务的，或给企业知识产权保护造成损害的，要给予批评和相应的处罚。

# 第五节　科技创新管理方法

企业科技创新因其多阶段性、复杂性和不确定性而呈现系统特征，根据不同阶段的科技创新需求，科技创新管理既包括中长期的科技创新战略规划，又包括短期的项目管理。针对不同阶段和不同任务，采取的管理方法也不一样。下面分别介绍企业科技创新管理常用的工具性方法和一种系统性方法——全面创新管理。

## 一、科技创新管理常用方法

由于企业科技创新管理对象的特殊性，其管理方法也有所不同，下面简单介绍一些常用的工具性方法。

### （一）情景分析

情景分析是对未来进行预测，并为制定相应的策略提供支持。随着社会经济的快速发展和经济发展不确定性的增强，传统的分析手段已无法适应企业经营的要求，因此在企业中应用情景分析是十分必要的。情景分析是从实践中产生的，旨在解决诸如"技术如何发展""如果……将会怎样"等问题，并对以情境为基础的学习流程和计划流程进行风险管理。情景分析是一种非常有效的学习与规划手段，它有着广阔的用途。在情境分析的帮助下，企业的决策者能够深化和拓展对未来的认识；决策者可以思考以前未曾想到的问题和计划，并由此产生新的决策；决策者能够仔细地评价和衡量已有的决策，以更新决策系统；决策者能够更好地识别和制定关键的决策，并且在预测的将来变为现实时，能够引导公司的成功发展。

### （二）技术预测

技术预测是一种系统化的方法，它对当前技术的现状和内在的发展趋势进行分析，从而对未来的发展做出正确的预测。在技术战略中，技术预测是技术战略的一个重要组成部分。企业可以根据技术预测，准确地估算出与公司战略有关的重要技术动向，从而制定相应的规划，在未来的市场中抢占先机。

一项成功的技术预测应包括以下四个方面：一是对技术、产品、工艺的叙述。二是量化因素，即用一种特定的测量方法对某个概念的活动程度进行测量。在技术预测中，通常使用测量效率和性能的技术指标，也可以使用成本、销售额等经济指标，因为这些数据能很好地体现技术的表现，从而得到更多的数据。例如，电脑的运算速度可以提升十倍，而成本可以降低十分之一。三是时序因素，即技术预测的时限。举例来说，计算机的运行速度每五年就会增加十倍。四是概率成分，是一种对机遇和可能的概括，以数量的形式表达。例如，每五年，计算机的计算效率就会提升十倍，而成本则会下降百分之十。

一次全面的技术预测，首先要把前面四个因素都考虑进去，然后再把四个因素结合起来，对技术预测具象化。

### （三）路径图

路径图的本质就是技术规划图，它通过对技术发展的预测与规划，显示出技术发展的时间维度，并着重于公司现有的策略规划。技术路径图由一组具有代表性的专业路线图及实现这些需求组成，是企业利用显示器、软件、最新计算机技术、可视化的语言绘制而成的，展示了客户需求的技术组合。路径图以简洁的方式展示了这些技术在其生命周期中的改变。路径图可以在企业战略投资、经营和产品需求等大背景下，识别、选择和描述这些技术资源。

路径图有以下四种类型：第一类是发展趋势路径图，为了更好地把握未来，根据特定的发展趋势做出精确的预测。第二类是产业技术路径图，在产业发展过程中，对技术性能、成本等进行预测。第三类是产品技术路径图，将特定的产品规划与市场定位、技术发展趋势结合起来，形成一张产品技术路线图，重点在于展示产品的替换和持续的技术替换。第四种是产品路径图，是为方便客户与企业之间的交流而制定的产品发展路线图和计划图。

## （四）高标准定位

高标准定位是指以最具竞争力的企业或业界最知名的企业为参照，对企业产品、技术、服务等的现实情况进行量化的评估与对比，并对其业绩达到优良的原因进行分析，进而选择最佳的改善战略。高标准定位的本质是从知名企业先进的科技创新实践中吸取、借鉴优秀经验，发现自身的差距与缺陷，并结合自身条件，制定相应的追赶战略，增强竞争能力。

高标准定位方法的实施要考虑以下两点：第一，在确定高标准的目标时，要着重考虑世界知名企业，其能为企业提供最好的参考信息；二是在选择标杆企业时，要注重与企业的发展战略相结合。研究结果显示，最佳的学习目标是与本企业具有类似运营策略的基准公司，这将帮助企业节约学习成本，规避学习风险。

## （五）领先用户法

美国麻省理工学院斯隆管理学院教授希普尔提出了领先用户法。它打破了传统的营销分析，能有效而精确地预测市场需要，并把需求信息融入新的产品和服务中。由于市场需求信息具有很强的不确定性，传统市场调查方法已经无法满足企业技术创新管理要求。因此，企业在新产品的研发中，要主动地寻找能够洞察市场趋势的领先者，并将他们的创意融入企业的产品和服务中，甚至可以通过不同的组织方式和主要使用者进行合作。领先用户法是目前最有影响的一种营销分析方法，对新产品的研发有着重要的作用，可以帮助企业及早地发现新的产品和服务，从而达到领先竞争对手的创新速度，实现快速、高质量地提供满足客户需求的新产品与服务，提高公司的竞争力。

领先用户法并不适合所有的企业技术创新。使用它需要满足以下条件：第一，公司所提供的产品或服务必须具备基于使用者的隐性体验的

"人工操作"特征；第二，使用者必须接受过良好的教育拥有较高的科学素养，他们当中很多人能够积极地、有能力表达或解决所面临的问题，企业能从中找到适合的主要使用者；第三，对人才的素质和数量要求高。研究显示，管理层的支持、高技能的多学科研究团队、对领先用户的研究是影响领先用户法效果的三大关键因素。

### （六）阶段门方法

阶段门方法是企业新产品开发及管理的蓝图，其基本原理是事先将整个新产品开发过程（从创意获取到新产品投放市场）划分成若干阶段，每个阶段都包含事先设定的一系列活动，阶段与阶段之间是由若干评审活动组成的"门"，新产品开发团队完成每个阶段的活动后便进入相应的"门"接受评审，企业根据评审结果决定新产品开发过程是否继续，通过所有的评审即完成了新产品开发。阶段门方法是跨部门的，以市场为导向，整合企业中包含市场和制造在内的各个部门的力量，推动新产品从创意产生向商业化发展。

埃尔德里德等人改进了阶段门的技术，提出了一种技术阶段门法，它的基本目标是保持科学、严谨的态度，并综合考虑技术和商业的影响，以便更好地选择和配置高风险的技术，从而缩短技术的研发周期。技术阶段门法由6个要素组成：项目章程、技术评审委员会、技术评审流程、组织计划、技术开发小组和流程拥有者。所有技术阶段的技术方案都是从项目章程开始的。项目章程规定了技术阶段的工作范围和目标。技术评审委员会是一个技术小组，但是也包括了商业代表。公司的销售、研究开发的代表以及公司内部和外部的科研人员一起组成决策小组，决定在哪阶段进行（或者结束）。由于项目的潜在产出很大，技术评审的重点是下一个阶段的工作，而不是每个阶段的预期结果。组织计划利用技术发展表现表和量表，让各利益相关方了解技术和工程中可能出现的危险。技术开发小组的成员大多是从事实际研发工作的科学家和工程师。流程拥有者作为方法的引导者，帮助技术开发小组和技术评审委员会确保技术开发的顺利进行。需要指出的是，在新产品开发中，阶段门方法仅能用于管理具有低不确定性的新产品开发流程，而不适合具有高度不确定性的新产品开发流程。

## 二、全面创新管理方法

企业科技创新不单单涉及科技方面的因素，非科技因素有时候显得更加重要，往往成为制约科技创新的关键因素。下面着重介绍企业科技创新管理的新方法——全面创新管理（Total Innovation Management，TIM）。

### （一）全面创新管理的提出

随着经济全球化和网络化的发展，新的技术革命以信息技术和互联网的广泛使用为标志，使企业的经营环境、经营目标、经营模式等都发生了根本的变化。在知识经济时代，许多公司都意识到，高生产效率、好的产品品质甚至是高的柔性已经无法维持其在市场上的竞争优势。创新是企业不断成长的活力，是企业生存和发展的永恒源泉。

客户的个性化要求越来越高，市场竞争越来越激烈，产品生命周期不断缩短，技术不断涌现。面对来自竞争者的不断挑战，企业要想在激烈的市场竞争中站稳脚跟，就必须以更快的速度回应客户的全面需求，同时要转变传统的管理方式。企业既要有科技创新能力，也要以科技创新为核心进行全面、系统、持续的创新。一些企业未能取得较好的成果，主要是因为缺乏与组织、文化、战略等非技术要素的协调配合，对创新缺乏科学、高效的管理，从而使科技创新缺乏系统性、全面性。一些具有创新能力的公司也认识到，科技创新的最终表现越来越依赖整个公司各个部门、各个要素的创新和各要素的高效协作。

近十年来，企业创新管理理论在不断演变与发展。从单一的技术创新（包括产品创新、工艺创新）到技术创新的组合管理，再到以核心能力为基础的创新管理的有机结合。

随着企业管理理论与实践的不断深入，国内外许多学者纷纷提出了创新经营理念，并对其进行了丰富和发展，比如全时创新、流程创新、全员创新、系统创新、整合创新等。中国工程院院士许庆瑞于 2001 年第一次在《企业经营管理基本规律与模式》中提出了"全面创新"的概念，以满足当今经济发展与市场竞争的需要。微软、惠普、3M 三星等国外企业以及海尔、宝钢等国内企业，已经在实践中向全面创新的管理模式转型。比如，韩国三星推行了 TPI/TPM（全员劳动生产率创新 / 全员生产保全），从而实现了一种脱胎换骨的转变。宝钢对"全员创新"进行了探索，并取得了很好的成效。宝钢将创新作为衡量员工绩效的一个重要指标，如果只完成了工作，没有创新，那么绩效评价就不能获得"优"。

### （二）全面创新管理的内涵

目前，企业的创新经营活动的内容和形式越来越综合，越来越复杂，要在当今的互联网时代，迅速地满足客户的个性化需求，就必须兼顾全要素、全员、全时空的创新，通过技术与非技术的协同创新，创造有效的创新方法和机制，激发所有员工的创新热情。企业应每时每刻都投入创新的进程中，有效地整合企业内外甚至全球的资源，以更快捷、更高效的方式为客户创造新的价值，从众多的企业中脱颖而出，并获取丰厚的经济效益。总体上讲，企业的全面创新包括核心能力的培养、核心竞争力的提高、价值的增长、策略的引导、技术的创新、创新全要素（组织创新、市场创新、战略创新、管理创新、文化创新、制度创新等）的有机结合和协同创新，在管理机制、方法、工具等方面实现全要素创新、全员创新和全时空创新。

1. 全要素创新

全要素创新是指产品、工艺及其组合与战略、文化、组织、系统等要素的协同创新，以及创造高效的创新工具和良好的创新机制，以激励和保证全体员工的创新行为。其中，产品、工艺及其组合的创新必然需要企业进行技术改造，以创造一个有利的技术创新环境。企业战略、文化、组织、系统等非技术因素的革新，其目的在于提升新产品和新服务的生产效率，使其迅速地进入市场，获得额外的利润，并维持其持续的竞争优势。例如，3M 公司推出的"15% 规则"是一种体制上的创新，它允许研发人员每星期可以拿出 15% 的工作时间用于研究自己感兴趣的东西，有利于更好地实现企业技术创新的目标。惠普在研发和制造喷墨打印机时，引入了一支全新的工作小组，以确保这项技术的成功，从而确保不会因为技术上的失误对公司的主营业务造成不利的影响。非技术因素的创新，则是企业通过对生产资源的再分配，使资源被更有效地使用，从而保证企业技术创新的顺利进行。创新是指以人为中心的创造性活动，离不开企业内各种创新资源的有效整合和配置，包括各个部门、各个员工的协同作用。创新过程必然导致员工的共同信仰和他们之间的关系发生改变。权力、责任、利益的调整，公司内外（供应商、顾客、竞争者）之间的联系方式的改变，必须依靠相应的文化（员工行为规范与意识形态塑造）、战略（资源分配）、组织（不同部门、岗位分工协调）与制度（激励体系建立）等非技术要素的创新。所以，要想提升创新绩效，企业必须对技术和非技术进行协调，以达到全要素的创新。

2. 全员创新

哈佛大学商学院教授波特从技术角度对公司价值链进行了分析，认为技术包括在企业的所有价值活动（如物流、市场营销、经营等，服务、企业基础建设、人力资源管理，技术发展与购买）中，技术变化对所有的活动都有影响，因此也会影响到竞争。所以，在激烈的市场竞争中，企业必须发挥管理、研发、销售、生产、后勤等各部门的创新能力，激发他们的创造性潜能，促进全体员工开展创造性创造，从而使企业的创新业绩得到持续、高效的提升。就像日本京瓷公司创始人稻盛和夫所说的那样，不管是研发、公司管理，还是其他行业，活力的源泉就是人。每个人都有自己的意志、思想和想法，如果一个雇员没有足够的动力来实现自己的目标，那么他就不能成长，不能提高生产力，更不能提升技术。

在全面创新的管理模式下，全员创新不仅要由上而下的全体员工提出合理的建议，更要从全要素的创新中找到有效的创新方式和创新机制，以确保全员创新的整体性、连续性和高效性。就企业而言，开展全员创新应从五个方面进行转变。

（1）从专家创新向集体创新的转变，创造万众一"新"，人人争相创造良好的集体创新氛围。

（2）从"要我创新"向"我要创新"转变，提高员工创新的积极性和主动性，通过员工自觉创新来提高创新绩效。

（3）从员工分散创新向全员协同创新转变，通过一些渠道如建立创新小组、跨职能工作团队、网络化工作团队等，强化员工之间相互合作、优势互补、信息共享，实现"1+1>2"的协同创新效益。

（4）从着眼于组织发展的创新向着眼于组织与个人发展相结合的创新转变，将个人成长与企业发展紧密联系在一起，在企业发展的同时，实现人生的价值。

（5）从局限于职务创新向与跨职务创新相结合转变，在最大范围内激活全员创新潜力。

3. 全时空创新

全时空创新是企业在互联网技术平台上全方位拓展创新的时空观念，追求全时、全地域创新。其中，全时创新需要公司能够满足不断变化的市场竞争，对客户的个性化需求迅速反应，不断地进行革新，并且努力实现 $7 \times 24$ 小时的创新（每周 7 天每天 24 小时），把创新视为企业不断追求的事业。全地域创新需要企业既要重视组织内的资源，又要有效地整合组织外的资源，以达到全方位的创新。全时空创新具体体现在企业流程、价值链的创新上。企业流程和价值链的创新要求企业不断地优化经营要素和它们之间的关系，增强研发与生产、市场的联系，加强企业外部的顾客供应商、竞争对手、伙伴等创新资源的有效整合，从而为企业的创意创造、评估和实施提供新的方法。因此，通过流程和价值链的革新，企业可以更好地将员工的创造力转化为产品和服务，以满足客户的个性化需要。

　　企业的整体创新经营目标主要有两个：一是追求可持续的竞争优势（创造价值）；二是注重培养和发展核心能力。企业核心能力的积累和经营绩效之间存在着显著的正向关系。海尔等中国企业已经初步证明了这一点。全面的创新管理能够增强公司和所有人的创新意识、创新动力和创新能力，能够提升创新的效率与速度，因此提升创新的表现。在其他因素对公司业绩产生影响的情况下，企业的创新能力若能与客户的个性化需求相结合，将会增强公司的市场竞争力，进而提升公司的经营业绩。

# 第三章
# 企业技术创新体系的建设

为在整体上增强企业科技创新能力，本章提出了以完善企业技术创新组织体系建设，加快企业内外部创新资源的整合，加快企业技术中心建设，加速科技成果转化以及加快创新激励机制、管理制度和文化环境建设等为主要内容的企业技术创新体系建设方案。同时，本章从技术创新能力的构成要素入手，剖析了组织、资金、人才、信息和科研实施等要素对企业技术创新能力的影响，提出了通过健全技术创新组织体系、加大创新资金投入、加强创新团队建设、加快创新硬件条件和企业信息化建设等为主要途径的提升企业技术创新能力的措施和方法。

# 第一节　企业技术创新组织的建设

完善企业技术创新体系建设，必须架构合理、高效的技术创新组织体系，以利于加快企业内外部创新人才、资金、条件等资源的整合，加速推进企业技术中心和科技成果转化体系的建设。

## 一、组织模式选择

从纵向看，企业技术创新组织具有层级结构，由决策、咨询、执行和监督等职能机构组成；从横向看，企业技术创新组织取决于企业的组织模式。常见的组织模式如图 3-1 所示。

图 3-1　组织模式选择

## （一）单一事业型组织模式

单一事业型组织模式是指企业仅生产一项产品或提供一项服务。此类公司的功能划分非常明确，包括研发、生产、营销、销售等。通常情况下，大部分的中小型企业都采用这样的组织模式。

这种模式下的公司都是一个独立的机构，缺乏跨功能创新系统，在很多拥有完善的研发、生产、营销等职能部门的公司中，技术创新的管理相对简单，通常不会成立一个专门的技术创新管理部门，而是由研发部门负责技术创新的工作。技术革新的主要领导是技术副总裁或技术总监，而研发部门的经理则是主要的实施。技术副总裁或技术总监具有较为丰富的技术管理经验。

在此模式下，技术副总裁或技术总监常常忙于具体的技术性管理工作，从而影响到技术创新工作，很少有时间进行技术创新的跨功能管理。

## （二）多事业并存型组织模式

多事业并存型组织模式是指一个企业存在多个机构，可以同时生产多种产品，提供多种服务。

从总体上看，该模式具有与单一事业型组织模式相同的在整个公司中实现过程的平衡的能力，以及推动不同部门间的技术创新过程，但流程仍然很薄弱，也很不平衡。各个部门之间的合作关系不明确，各个机构内部的要素资源分配也不均衡。

各部门都有自己的技术创新系统、技术创新活动、技术创新管理机制。但是，各部门的技术创新方式各不相同，且技术创新的跨职能系统十分薄弱，这就造成了公司高层难以全面了解技术创新的总体状况和进展。所以，从整体上看，技术创新的整体协调性和连贯性较差。通常，技术创新管理者，例如技术主管，都有较强的技术和工程背景，他们有时负责一个管理小组，或者负责某些具体的工作，比如品质管理等。但是技术创新管理者的权力和影响力都比较有限，存在着"被夹在中间"的状况，缺乏有效的技术创新，往往只能充当咨询的角色。

### （三）混合型组织模式

混合型组织模式是指企业具有一个单独的事业单位或若干个独立的机构。与前两模式相比，该模式具有较成熟的协调全公司过程的能力，一套技术创新系统已形成。

技术创新系统并非以企业的组织结构为基础，而是以企业的整体流程、治理结构和标准化为基础，是跨机构的信息技术创新系统。大型跨国企业的技术创新系统通常是以多个技术中心为核心的技术创新系统，集团总部的技术中心仅负责中长期和应用性的研究，而最近的研发工作则在各个部门的技术中心中进行。壳牌集团在全球110多个国家和地区进行了多元化的技术创新，形成了以石油为主体、中下游一体化的生产模式，为加强技术创新、降低交叉重复，建立了一个技术创新体系。

## 二、组织体系建设

加快企业技术创新体系建设，首先要完善技术创新组织体系建设。

建设一个有利于整合企业内、外部所有创新资源，有利于协调企业各相关部门履行多种职能的技术创新组织架构，是企业技术创新体系建设的首要任务和核心内容。企业技术创新组织体系如图 3-2 所示。

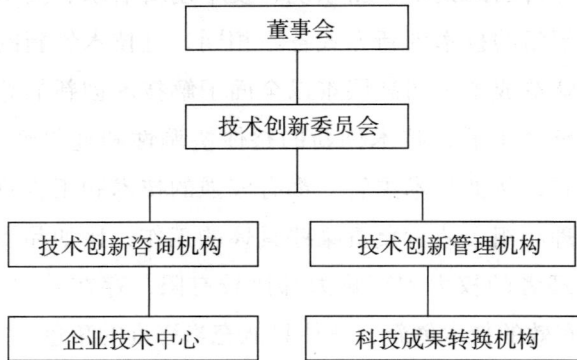

```
                    ┌─────────┐
                    │  董事会  │
                    └─────────┘
                         │
                 ┌───────────────┐
                 │ 技术创新委员会 │
                 └───────────────┘
                         │
          ┌──────────────┴──────────────┐
   ┌──────────────┐              ┌──────────────┐
   │技术创新咨询机构│              │技术创新管理机构│
   └──────────────┘              └──────────────┘
          │                             │
   ┌──────────────┐              ┌──────────────┐
   │ 企业技术中心  │              │科技成果转换机构│
   └──────────────┘              └──────────────┘
```

图 3-2　企业技术创新组织体系

### （一）技术创新委员会

大中型企业一般都会成立技术创新委员会，由企业高层管理人员和企业内、外部各专业领域具有较高专业能力和威望的科学家、工程师以及具有全局眼光的高级项目管理人员等担任委员，负责审定企业技术创新战略、重大技术创新政策、技术发展规划以及实施方案，审定技术创新年度预算、重大技术创新项目立项决策等。

中小企业一般不设立技术创新委员会，由企业核心经营管理层对重大技术创新活动进行决策。

### （二）技术创新咨询机构

大中型企业通常有专门的技术创新咨询机构，其包括技术顾问委员会和专家顾问小组两部分。如果中小企业不具备成立技术创新咨询机构的条件，则应聘请有关专家进行咨询。

技术顾问委员会由企业内部的科学家、高级工程师，在各个专业领域有很高声誉的高级项目经理以及各个部门的高级经理等构成。主要负责技术开发的技术发展趋势和趋势咨询、评估，技术发展战略、规划等的初步论证，研究课题的立项和结题审核。

专家顾问小组主要由高校、科研机构、企业所属行业的著名专家、学者和具有全球视野的企业内的专家和学者组成。专家顾问小组为公司提供技术创新战略规划、创新项目评估、技术创新项目技术攻关等方面的咨询服务。

### （三）技术创新管理机构

技术创新管理体制是保证企业技术创新体系正常、高效运转的关键。一般情况下，大中型企业都会成立一个专门的技术创新管理机构，而中小企业则会派专人进行技术创新管理。

技术创新管理机构的主要职责是制定和实施技术创新战略、技术创新规划和技术创新政策，编制技术创新年度计划和预算，组织技术创新项目论证，负责研发项目的策划、立项、研发过程的管理，负责技术创新与知识产权的管理，对技术创新项目进行评价，整合、调配与协调技术创新资源，如企业内部人力资源、硬件条件等，沟通、协调、组织企业对外创新资源，加强与高校、科研院所、行业公共研发平台的合作。

### （四）技术创新执行机构

1.企业技术中心

在技术创新系统中，企业技术中心是关键。技术中心可开展基础研究、应用研究、开发研究等；测试中心、中试基地、培训基地等可为企业提供技术创新服务。

中小企业进行技术创新需要建立一个功能完善的组织机构，并需要国家和地区技术创新系统的技术资源的支撑。大型、特大型企业因其产品结构的复杂性、产品与服务涉及面较广，往往会建立多个企业技术中心，以实现企业间的协同合作。

加强外部合作资源建设是企业技术中心建设的重要内容，是企业合理配置社会创新资源，迅速提升技术创新能力的有效措施。企业应注重与产学研合作渠道和网络、行业公共研发平台、国家测试中心、行业中试基地以及国家各相关工程技术中心等加强创新合作资源建设，加快各方之间的利益共享和风险共担的相关合作机制建设，以最大限度地弥补企业技术中心人才资源的局限和条件设施的不足，提高企业技术中心的运营效率和创新能力。

2.科技成果转换机构

加速科技成果的转换，尽快使其商品化，是企业技术创新体系必须重点建设的内容。

技术成果转化包括产品设计、工艺开发、质量标准制定、产品检验、质量控制、产品营销等工作（图3-3）。很多公司都成立了相应的职能部门。

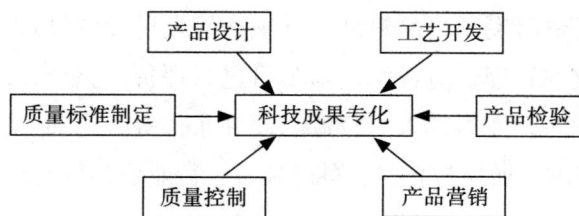

图 3-3　科技成果转化核心要素

# 第二节　加强技术创新资金投入与创新团队建设

技术创新资金的投入能力是衡量企业自主创新能力的重要指标。加快技术创新投入机制建设，加大技术创新资金的投入强度，加强技术创新投入资金的管理，直接推动着企业技术创新活动的顺利开展，有助于提升企业技术创新能力和技术创新活动的有效性。

## 一、创新资金的主要投向

### （一）加快技术创新资源建设，增强资源整合能力

企业开展技术创新活动，需要一系列创新资源，其中人才资源、产学研合作渠道和网络、行业中试开发基地等是企业通过长期积累获得的基础创新资源，构成企业技术创新的软实力，因此企业需要在以下几个方面加大创新资金投入。

1. 加快人力资源建设，汇集技术创新人才

企业要想适应市场发展变化，就必须有一支具有市场意识、创新意识、创新思维的高素质科技人才队伍，以便对技术发展趋势进行跟踪、分析。打造一支技术创新团队，密切跟踪、分析行业产品与服务技术发展动向，并进行技术创新活动具有一定的现实意义。

企业进行产业技术分析和调研，需要多样化的技术人员。在全球经济一体化快速发展的今天，国际市场竞争异常激烈，高科技发展日新月异，单靠一名或两名技术人员已经无法应对，很多时候需要各个领域的专家共同努力。

因此，无论对企业的产品和服务的技术状况进行研究，还是对产业的技术发展趋势进行分析，企业都需要培养、引进和储备相应的人才。企业有意识地引入一批关键的创新人才，解决技术创新人才尤其是核心技术创新人才的短缺问题，对提高企业技术创新能力具有重要意义。

2.加快产学研合作的渠道和网络建设

在提高自身技术创新能力的同时，企业必须加强与高校、科研机构的合作，利用高校、科研机构先进的研究设施和实验设备为产品和服务创新深入开展产学研合作，加快基础研究，可以快速提高企业技术创新的实力。

企业建立产学研合作主要包含以下几个步骤：第一，长期关注国内外科研动态从中寻找产学研合作伙伴。第二，企业参与或组织各类学术交流会、行业技术研讨会、行业分析报告等，与各有关院校、科研机构进行信息交流，为双方开展合作研究打下基础。第三，充分利用双方的专业知识，实现优势互补，是产学研合作达成的关键。

建立与健全产学研合作的渠道与网络，是加快企业技术创新能力的有效途径。目前，有些企业面临着科研投入不足、人才储备不足、实验设施设备不足等问题，只有开展产学研的协作，充分发挥高校、科研院所在人才队伍、设备方面的优势，才能快速提升技术创新能力。行业内的领军企业也要从产业技术链条的建设入手，由单一化的合作模式升级为跨产业、跨领域的集群化合作模式，形成产学研结合的技术创新联盟，推动企业的持续创新和发展。

3.加快资源共享的行业技术开发中试基地建设

我国现有国家高新技术产业开发区百余个，开发区的设立具有很强的行业导向作用，可以在开发区中集合一批企业自愿参与的、以参与企业技术开发资源为主体的、为参与企业所共享的资源。企业可以通过政府提供的公共科研服务平台，以一定的利益机制为纽带，形成产业技术开发的中试基地。

工业技术研发中心的建设目的是以行业内的主要科研机构为依托，以市场为导向，加强对本行业共性、关键性、前沿性技术的研发和应用，加大对工业技术研发力度，为产业升级、高技术产业化提供支持，并具有面向社会提供技术服务的功能。

在高新技术产业开发区建立技术研发中心，既有利于形成和发展优势产业，又有利于为企业技术创新的各个环节提供技术支持，还可以通过产业集聚促进技术扩散，实现企业技术创新活动高效重复。

所以，在高新技术开发区，企业要积极地发起或者参与技术创新活动，以最大限度地利用区域科技资源，从而提高企业的技术创新能力。

### （二）加大基础研究、应用研究的投入

目前我国的教育和科研体系相对完整，一些关键的创新资源，如基础研究设施、设备、技术人员等，主要集中在高等院校和科研机构。随着科技革命在全球范围内持续发展，技术创新的浪潮一波接一波，国内对新兴技术的早期追踪研究，也多集中于高等院校、科研机构，基本理论研究成果，尤其是交叉领域的研究成果，则多为高等院校、科研机构所掌握。

企业要进行科技创新，必须要有跨学科、交叉学科、前沿技术等基础理论、科技成果的支撑，需要有新的实验仪器、设备，需要有专门的人才。企业在技术创新过程中，加速基础研究和应用研究的进程，是加速技术、工艺、产品和服务创新的重要手段。

企业与高等院校、科研机构合作开展基础研究、应用研究，不管是委托或合作研究，都需要大量的研究资金，而新产品、工艺创新是一个复杂、长期的、需要多学科支撑的技术创新过程，没有足够的基础研究、应用研究投入，技术创新将很难进行和实现。

### （三）加大开发研究和中试研究的投入，提高产业化成效

在研发新技术、新工艺、新产品等方面，首先企业应加大人力、物力的投入，加大基础研究和应用研究力度，逐步形成技术创新的基础技术，并为技术创新活动做好技术准备。其次，企业要加大技术创新实验、试验等的力度，在关键技术、关键设备上加大投资力度，集中人力、物

力对关键技术、关键设备进行联合攻关，以解决技术创新的关键技术问题。最后，企业要加大中试研究中软硬件投入，加速中试基地的建设，为技术创新成果的产业化提供可靠、详尽的数据和技术支撑，以保证科技成果的产业化。

## 二、加强创新资金的投入管理

### （一）企业技术创新资金的管理内容

企业应加强对技术创新资金的管理，提高资金的使用水平和使用效率，最大限度地发挥有限资金的创新效用。企业技术创新资金的管理内容主要包括以下几个方面。

1.技术创新资金的使用管理

企业技术创新资金根据使用方向可分为技术创新活动内部支出和外部支出。技术创新活动内部支出是指企业内部开展技术创新活动实际支出的费用，包括外协加工费，不包括委托研制或合作研制而支付外单位的费用。技术创新活动外部支出是指企业委托其他单位或与其他单位合作开展技术创新活动而支付给其他单位的费用，不包括外协加工费。按用途，企业技术创新资金可分为科研人员劳务费、原材料费、购买自制设备支出、其他支出。

在企业技术创新活动内部支出中用于基础研究、应用研究和试验发展三类项目的支出，统称为企业研究与试验发展经费支出。由于研究开发是技术创新的核心内容，因此这部分支出是技术创新支出的主要部分。凡是与技术创新活动有关的支出都被称为企业技术创新活动经费支出，包括列入技术开发的经费支出以及技措技改等资金实际用于技术创新活动的支出，不包括生产性支出和归还贷款支出。

技术创新资金的使用管理对企业技术创新及发展战略研究至关重要。为了确保资金的有效使用，企业需要制定一套严谨的资金管理制度和策略。

（1）制定科学的资金分配方案。根据企业的发展战略和技术创新需求，合理分配技术创新资金，确保资金的使用符合企业战略规划和目标。

（2）设立专项资金。为关键技术研发、技术改进和技术引进设立专项资金，确保资金的专项性和针对性。

（3）严格资金审批制度。建立资金申请、审批、核销等流程，确保资金的合规使用。

（4）建立绩效评价体系。根据项目的实际进展和成果，对资金使用进行绩效评价，确保投入产出比例合理。

（5）增强风险监控和管理。识别和评估技术创新过程中的各种风险，建立风险防范和应对机制，及时进行风险监控和管理。

（6）强化内部沟通与协同。加强部门之间的沟通和协作，确保资金使用的信息透明化，提高资金使用效率。

（7）建立外部合作机制。积极寻求政府补贴、产学研合作以及与金融机构合作等渠道，拓宽资金来源，降低企业负担。

（8）培养创新人才。加强企业内部人才培养，提高员工的技术创新能力，为企业技术创新提供人才支持。

（9）强化财务管理。建立健全财务管理制度，规范资金使用流程，防止资金挪用、浪费和盗用等行为。

（10）持续跟踪与改进。定期对技术创新资金的使用情况进行审计和评估，发现问题及时整改，持续优化资金管理制度。

通过以上措施，企业可以确保技术创新资金的有效使用，为企业技术创新和发展战略提供有力支持。

2. 技术创新基金的预算管理

预算是企业合理配置资源的工具。预算的分配是相对固定的，但是企业必须要适应不断变化的外部环境，这两者之间的冲突怎样化解？杰里米·霍普与罗宾·弗雷泽就此问题在《超越预算——管理者如何跳出年度绩效评估的陷阱》一书中提出了六个关于创新预算的基本原则：第一，设定的目标应以外部市场预测为基础，而非通过内部磋商确定；第二，没有预先设定的固定业绩指标，而是以相对提高的指标为依据，这是由于将奖赏与已设定的目标挂钩，从而使成功的程度受到限制，而目标的不确定性则具有挑战；第三，将年度限制行动计划转变为持续、全面的工作计划，因为这样可以使全公司的注意力都集中在为顾客和股东创造价值上；第四，根据需求，而非根据年度预算进行资源配置，由于资源的配置是为了满足需求，因此当需求与年度预算冲突时，要使预算服从需求，同时提高资源配置的灵活性；第五，企业间的协调应该以顾客的总体需求为基础，而非以每年预先确定的年度预算为基础，从而克服了原先在预算案后相互推诿的心理；第六，通过有效的监督和一系列业绩指标管理企业的运营，企业需要整合所有的管理和服务资源，构建多层次、多维的监督和决策支持系统，确保企业运营的透明化和有效性。

3. 技术创新资金的评估管理

在企业技术创新体系建设中，对技术创新资金进行评估管理至关重要。评估管理能确保资金的合理使用、提高资金利用效率以及监督企业技术创新过程。企业应从以下几方面着手进行技术创新资金的评估管理。

（1）制定评估标准和指标。明确技术创新资金评估的标准和指标，包括技术创新项目的进度、质量、投入产出比、创新成果的市场应用等方面。

（2）设立专门的评估机构。成立专门负责技术创新资金评估的组织，由相关领域的专家和管理人员组成，负责对技术创新项目的资金使用进行全面评估。

（3）建立动态评估机制。实施定期评估和不定期抽查，对技术创新资金的使用情况进行持续监控，确保资金使用的合规性和有效性。

（4）引入第三方评估。邀请第三方专业机构对技术创新资金的使用进行客观、公正的评估，提高评估结果的公信力和权威性。

（5）建立奖惩机制。根据评估结果，对表现优秀的技术创新项目给予奖励，对未达到预期目标的项目提出整改要求，甚至暂停或取消资金支持。

（6）加强信息公开和透明度。定期公布技术创新资金的评估结果，接受社会监督，提高企业技术创新资金管理的透明度。

（7）贯彻评估结果。将评估结果与企业技术创新战略、资金分配、人员激励等方面相结合，形成闭环管理，不断优化资金使用效果。

（8）建立反馈与改进机制。根据评估结果，对技术创新资金的管理制度、流程和策略进行调整和完善，持续提高资金使用效率。

（9）培训评估人员，提高其评估能力。定期对评估人员进行培训和能力提升，确保评估过程的专业性、客观性和公正性。

（10）分析评估数据。对评估数据进行深入分析，挖掘资金使用中的问题和隐患，为企业技术创新资金管理提供决策支持。

通过以上措施，企业可以有效地对技术创新资金进行评估管理，确保资金被合理使用，提高投资回报，并为企业的长远发展提供支持。

### （二）企业技术创新资金的投入管理策略

随着经济全球化和科技进步的加速，企业面临着越来越激烈的市场竞争。技术创新已成为企业获取竞争优势和实现可持续发展的重要手段。然而，企业技术创新活动往往需要大量的资金投入。加强对企业技术创新资金的投入管理，提高资金使用效率，成为企业创新管理的重要课题。

企业应将技术创新资金投入管理纳入企业战略规划，并制定一系列有效的管理措施，确保技术创新资金的合理使用，提高投资回报，为长远的发展提供支持。

（1）企业应该根据自身的特点和环境，灵活运用各种管理方法，不断总结经验，不断优化技术创新资金投入管理。

（2）企业应该对技术创新项目进行风险评估和管理，制定应对措施，确保资金的安全。企业可以建立健全风险管理制度，对项目进行风险识别、评估和控制，从而降低技术创新资金投入的风险。

（3）企业应该利用信息化和数字化手段，提高技术创新资金投入管理的效率。例如，企业可以建立项目管理信息系统，实现项目信息的集中管理和共享，方便企业进行项目评估、监控和决策。

（4）企业应该定期对自身的技术创新能力进行评估，总结经验教训，持续改进技术创新资金投入管理。

（5）企业应该积极开展国际合作，引进国外先进技术和管理经验，提高技术创新资金投入管理水平。

（6）企业应该关注国家和地方政府的政策导向，充分利用政策支持，优化技术创新资金投入。

（7）企业应该积极参与产业协同创新，与上下游企业、同行业企业等进行合作，实现技术创新资源的共享和互补，促进产业发展。

（8）企业应该积极引入外部监督和评价，以提高技术创新资金投入管理的水平。企业可以邀请第三方机构对技术创新资金投入管理进行评估，了解企业在资金管理方面的优势和不足，及时进行调整和改进。

（9）企业应该将技术创新绩效管理与资金投入管理紧密结合，确保资金投入能够产生实际效益。企业可以通过设立绩效考核指标、激励机制等方式，鼓励员工提高创新绩效，以实现资金投入与创新成果之间的最佳匹配。

（10）企业可以通过发行股票、债券、吸引风险投资等方式，筹集技术创新所需的资金。同时，企业还可以与金融机构合作，利用金融产品和服务为技术创新提供资金保障。

综上所述，企业要在技术创新资金投入管理方面取得成功，需要综合考虑多种因素和措施。只有在确保资金投入合理、高效使用的前提下，企业才能在日益激烈的市场竞争中保持领先地位，实现可持续发展。

总之，技术创新资金投入管理是企业创新管理的关键环节，企业应从多个维度和层面全面加强技术创新资金的投入管理，确保资金的合理使用。

## 三、技术创新团队建设

技术创新是一个牵涉技术、市场、人才等多种资源的系统工程，如何合理配置、使用和更新企业的创新资源，使之发挥最大效用，决定了企业技术创新活动能否成功。

在技术创新过程中，每个创新活动的参与者都在创新组织中承担着不同的任务，扮演着不同的角色。在具体的技术创新活动中，缺失一种或多种创新人才，将会影响或推迟技术创新活动的正常开展，而缺失关键创新人才，甚至会直接导致整个创新活动的失败。

对于一个企业而言，如果缺失一支具有创新意识、创新思维和创新能力的创新团队，自主创新活动根本无法开展。

### （一）技术创新团队的特征

一个群体不是团队，只有满足一定条件或具备一定要素的群体才能成为团队。

1.具有相似的性格特征和追求

创新团队开展的是创造性的工作，团队成员具有相似的性格特征，比如具有好奇心、敏感和独立，具有合作、实事求是精神的，以及对长期目标有孜孜不倦的追求，可把企业文化延伸到整个团队，让企业在企业文化的引导下，实现企业的创新目标。创新价值是一种集体价值，但并非指所有人都必须具有同样的价值。不同类型的价值类型相互碰撞，更容易产生创意，更有利于创新。

2.具有发散思维和问题解决能力

创造性工作离不开发散思维，所以创新团体成员要有发现新事物、提出问题的能力，能以趣味化的方法提炼问题，能提出多种不同的想法、方法和解决办法，能够产生特别的、创造性的想法，能够以一种有趣的方法解决问题。同时，团队要有资金、仪器、设备、文献资料等支持创新。

3.拥有一定组织结构和规则

创新团队要有一定的组织结构，组织结构上的成员要有明确的角色定位，如创新科学家、工程师、企业家等，经理，包括专业的创意工作人员，领导小组的主要协调人员，以及外部的活动人员。每一个成员都扮演着特殊的角色，都是无可取代的。团队成员必须遵守某种规则，才能保证团队的正常运转。

4.拥有具有创新力的领头人

团队领袖不一定要有很强的创造力，但是要懂得和尊重创新，有能力培养和激发员工的创新精神。领导必须赋予员工更多的权利，通过委派与激励，改变员工的想法与态度，让他们成为有责任心、有创新精神的榜样，让所有人都能为了团体的最佳利益而努力。在一个团队中设立一种激励系统，它不但能鼓励员工尝试错误、不断创新，还能激发员工的积极性。同时，年轻的、缺乏经验的员工也能与成熟的创新者建立联系，了解创新的规则和技巧，为整个团队补充新力量。

5.拥有自我提升的工作流程

小组是一个经常自我检讨的团体，他们的创造力是很强的。创新小组要经常检验工作流程。检验流程是否与法律相一致；领导者与下属的关系、价值观与管理准则对团队发展的影响，检验图队是否继续保持活力以及有没有可供选择的创新计划等。创新小组会建立自我检查和自我完善的工作流程，可保证团队的持续创新能力。

### （二）创新团队的主要角色

企业在创新过程中需要一批关键性的创新人才，他们是企业高效运转必不可少的中坚力量，是企业技术创新的核心力量。在一个创新力较强的企业中，有五类关键创新人才。

1.创新提出者

拥有足够的市场信息与技术资讯，并具备较高的敏感度和分析能力，便可成为创新提出者。

创新提出者通常是科学家、工程师，或者是市场营销人员、管理人员，他们关注行业市场的信息，能够有效地与技术领域内创新团体的成员进行有效的交流。创新提出者通常懂技术，善于交际，是企业创新机构与外部世界沟通的桥梁，喜爱阅读科技资料、商务期刊，并经常出席各种产品展览会，具有较强的市场敏感度，是企业资讯系统的重要贡献者与使用者。

2.创新倡导者

创新倡导者往往是一位具有丰富经验、积极倡导创新、具有多年项目领导经验、具有创新意识、爱好广泛、擅长将创新理念传播给企业并被企业接受的公司高管。

创新倡导者一般都有能力引导和协助创新小组的其他成员，并且有信心和有时间代表创新小组与公司的决策团体进行交流，并激发他们的工作热情，让他们按照创新方案持续地完成创新目标。

3.创新设计者

创新设计者往往是富有创造力的科学家或工程师，他们接受了高水平的专业教育，能够更宏观地看待工业的发展，乐于提出和解决最前沿的问题。

通过对市场、技术、资源等相关信息的综合分析，创新设计者能提出新产品、新技术的总体概念，提出新的技术方案。

4.技术难题解决者

技术难题解决者是一批具有高素质、高技术技能的科学家或工程师。这些人的思想未必具有创造性，但是他们可以在技术创新的过程中，解决许多技术问题，并使他人的创意得以实现。

技术难题解决者并不只是一个人，而是一个拥有相当数量的优秀的科学家或工程师群体，这些人十分精通各自的专业，是科技创新的技术骨干。

5.项目管理者

项目管理者拥有广泛的专业知识、良好的专业素质和管理技能，对项目的总体构想和技术问题有深入的了解，能全面了解整个项目的运作状态，及时了解市场的变化，了解技术发展的最新动态，能有效地控制和管理创新项目的成本、进度，能够在关键技术环节做出正确的决策。

项目管理者是一个具有组织、策划和领导创新项目才能的人，其善于协调和沟通，善于激励创新团队成员，善于处理创新过程中的各种矛盾和冲突。

### （三）打造具有创新力的团队

创新团队不仅需要一批对创新项目有关键作用的创新人才，也需要一批为完成创新项目而努力工作的普通专业技术人才。为创建一个高效的、富有创造力的创新团队，企业需要长期坚持不懈地、持之以恒地做好三项工作。

1.汇集杰出的创造性人才，打造一支核心的创新队伍

创新型的企业要不断培养和引进具有创造性的人才。在企业五种关键创新人才中，创新提出者必须是企业内部人员，他们可以是企业长期培养的专业技术人员，也可以是企业从其他企业引进的有丰富经验的专业技术人员；创新倡导者也须来自公司内部，可以是公司的创立者，也可以是公司的高层；创新设计者可以来自企业内部，也可以是在产学研合作中来自院校、科研院所、合作伙伴的创新人才；技术难题解决者是一群具有一定专业技术素质的科技人员，他们可以是由企业长期培养的，也可以是从外部引进来的；项目管理者必须是企业的内部人员，他们可以是企业长期培养的具有多种专业技能的中层管理人员，也可以是企业引进的具有一定的职业素养的中层管理人员。

2.大规模吸纳高素质专业技术人员，增强创新型人才队伍

随着科技的飞速发展，创新企业必须要大批量地引进高素质的中青

年专业技术人员，这是由于创新项目需要大批高素质的技术人员，比如创新倡导者、创新设计者、技术难题解决者等，他们可使创新企业持续地跟上科技的发展，始终保持创新和创造能力。

3. 加快中青年科技人才的培训，使创新队伍不断保持活力

中青年科技人才是企业创新的主体，培养年轻人才有利于企业保持持续的创新能力。中青年科技人才主要通过以下几种方式进行学习和锻炼。

（1）学习特定的创新性方案。通过特定的创新活动，中青年科技人才能够在实际工作中，从老一辈那里获得专业的科技知识，形成创新思维，养成吃苦耐劳的创新精神，并在创新项目中积累成功经验和失败教训，形成一定的创新项目管理能力。

（2）通过产学研结合的方式进行研究。"产学研"是我国科技创新实践的重要手段，也是我国高校科技人员进行科技知识再教育的重要途径。通过"互动式""项目合作"等方式开展产学研合作，中青年科技人员能够接触到最新的科技方法与成果，获得和掌握最新的科技信息，实现对科技知识的再一次"充电"，与科技同步发展。

## 四、创新人才激励机制

研究指出，如果支付给技术创新人才的薪酬和福利低于市场平均水平的20%，将难以吸引技术创新人才或难以激励技术创新人才发挥才能。如果将技术创新人才的薪酬和福利提高到市场水平，也需要进一步激励技术创新人才的工作激情。

### （一）主要的激励理论

早期的激励理论主要从个体的生理和心理需求出发，从控制、公平、效率等不同的角度、不同的层面分析了激励问题。

（1）美国心理学家亚伯拉罕·马斯洛的人类需求五层次理论。这一

学说把需求分成生理需求、安全需求、社会需求、尊重需求、自我实现需求。在一定程度上低层次的需求被满足后，更高一级的需求就会被激发出来，这时更高一级的需求就会变成新的动力。

（2）美国心理学家道格拉斯·麦格雷戈的 X 理论和 Y 理论。X 理论从负面的角度来看人类，他们的本性是不爱工作的，是不负责任的，是偷懒的，是被迫的。Y 理论从正面的角度来看人类，他相信人类是有创造力的，愿意承担自己的责任的。

（3）美国心理学家弗雷德里克·赫茨伯格的激励与保健因素理论。该理论认为，激励因素可以提高员工对工作的满意度，如成就、认可、责任、晋升等，而这些因素可以让员工感受到内在的反馈，从而产生持久的激励效果。保健因素通常与工作环境有关，如果缺少或不具备，则会使职工产生不满情绪。保健因素很好时，只能使员工得到安慰，而不会使员工产生动力。

（4）美国心理学家奥尔德弗的 ERG 需要理论。它把人类的需要分为三种：生存的需要、相互关系的需要和成长发展的需要。基于"满足—前进"与"挫折—倒退"逻辑基础，这一理论为管理者提供了一种更加切合实际的激励方式。

（5）美国社会心理学家大卫·麦克利兰的三种需要理论。这一理论把人类的高层次需要分为权力需要、亲和需要和成就需要三大类，其中成就需要居于中心位置，而高成就需要的人更倾向于独立承担责任、获得信息反馈和适度风险的工作，对国家和企业都有很大影响。授予高管期股期权，可以使其实现更高的绩效需求，并与其自身的目标紧密相关，从而更好地对其产生激励作用。

（6）认知评估理论。这一理论把动机分为内部动机和外部动机两大类。内部动机包括成就感、责任感、工作能力带来的愉悦感；外部动机包括工资、晋升、良好的工作环境。该理论认为，过于重视外部的激励，会使内部的动机收缩。外部的激励是刚性的，当外部的激励因素被去除后，其工作动力就会大幅降低。比如，因工作表现而给予物质奖励，会让雇员觉得他们工作是为了物质，而非个人兴趣，从而无法控制自己的行为。内部的激励能激发员工的内部动力，保证员工更稳定、持久地保持工作的积极性。

（7）目标设定理论。这一理论指出，让雇员参与制定合适且富有挑战的目标，会带来更好的引导和激励作用。

（8）加强理论。这种理论着重于奖赏管理，主张正面加强，不支持负面增强。正面加强的方法有奖励、表扬，改进工作环境和人际关系，安排具有挑战性的工作，提供机会去学习、去发展，等等。负面增强包括批评、惩罚、降级等。

（9）平等理论。这个理论表明，人们对自己的待遇是非常敏感的，他们会把自己的付出和所得与有关的人比较。当他们觉得自己的付出超过了有关的人而所得较少时，他们的工作动机就会下降。

（10）预期理论。这个理论指出，只有当人们期望的一个行为能够产生一个既定的结果，并且这个结果对他很有吸引力的时候，他才会受到足够的鼓舞，才会采取具体的行为。

## （二）激励应达到的效果

技术创新工作和技术创新人才的特殊性，决定了企业必须对技术创新人才进行激励。企业通过有效持续地激励可以达到以下效果：激发技术创新人才创新积极性、主动性和责任心，提升他们的创新能力；有效防止技术创新人才随意流动、侵犯企业知识产权等负面行为；降低技术创新成本和技术创新管理成本；保持创新团队的创新活力；留住优秀技术创新人才。

## （三）激励应考虑的因素

由于技术创新人才的需求不同、个人目标不同、职位不同等，企业在激励机制的设计上，应当考虑以下因素：认清个体间的需求差异，按其需求进行有针对性的激励；目标要有挑战性且可达到；与创新绩效挂钩；体现"三公"原则，激励方案、程序和结果要公开，人人平等，被激励的人均是付出所得之比更高的人；物质激励与精神激励相结合；注重情感激励，通过激励促进人际关系更加和谐，提高激励的满意度。

# 第三节　研发机构的建立

技术中心、国家重点实验室、国家工程技术研究中心等研发机构是企业技术新体系的核心，是企业技术进步和技术创新的主要技术依托。国家鼓励和支持有条件的大中型企业在整合现有技术资源基础上建立各种研发机构，促进企业技术创新体系建设，使企业成为技术创新的主体，提高企业的技术创新能力和社会资源利用能力。

## 一、企业技术中心

企业技术中心是企业内部设立的一个专门从事技术研发、创新和应用的机构。企业技术中心的主要职能和目标是推动企业技术进步，提高企业的技术创新能力，为企业的发展提供技术支持。企业技术中心的建设和发展对于提升企业的核心竞争力具有重要意义。

### （一）企业技术中心的职能

#### 1.提供技术决策建议

对一家公司而言，其不仅要了解要制造的产品，而且要清楚哪些产品是不能制造的，以及何时该停止。企业技术中心应对行业、技术、营销等进行全面了解、分析，并根据企业的具体情况，提供相应的决策建议，以作为公司的决策依据。同时，企业技术中心还负责制定公司的技术发展战略、技术进步计划，并参与技术引进、技术改造等方面的研究，在技术决策方面起着举足轻重的作用。

2. 研发新产品、新技术

企业技术中心主要致力于更长期、更具市场潜力的新产品研发，以及将重大技术成果转化为商品的中间实验，特别是消化吸收和创新引进技术，整合和二次开发现有技术，形成具有自主知识产权的技术。公司规模越大，其技术中心就越要进行长期研发，同时也要注重大型设备的研发。

3. 培育和转化技术成果

企业技术中心既是企业新技术、新产品的来源和供应源，又是技术创新的孵化与转化基地。一些大公司依托技术中心的高科技研发和高素质人才，培育新的模式，为公司带来新的经济增长点。例如，自 1993 年海信公司开始尝试推行科技中心孵化产业的经营模式，至 2001 年年底，已有五个企业获得了政府或相关机构的批准，开展新的研发项目、引入新技术、投入新的产品生产线，其中海信空调已是集团的第二大支柱。

4. 促进国际的合作与交换

企业技术中心与相关高校、科研机构以及国内外同行建立了长期稳定的技术交流与合作关系，推动了产学研的创新发展。企业技术中心不但要决定开发哪些产品，采用哪些工艺、技术，而且要根据实际情况决定怎样以最小的投入和最短的时间获得技术（自主开发、联合开发或采购）。

5. 加强和培育高层次人才

企业技术中心具备良好的工作环境，既能吸引国内外高水平的技术人才，又能为技术中心的科研人员提供强大的凝聚力，能够提升企业的科技人才的质量。

6. 负责其他技术事务

企业技术中心负责为公司其他部门提供技术指导、咨询、评价和服务，并对公司的技术和经济效益进行评价，推动企业内部和外部的科技成果的推广和应用。

### （二）企业技术中心组织体系

一般情况下，企业技术中心由技术委员会、若干个项目组及实验室等组成，其组织结构如图3-4所示。

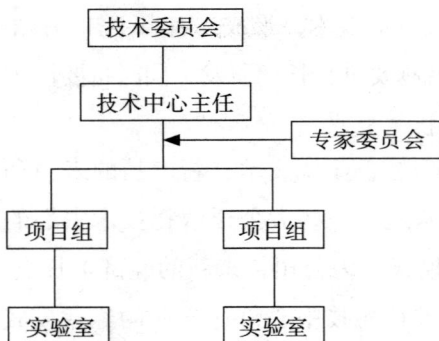

图3-4　企业技术中心内部组织结构图

技术委员会是技术中心的最高决策机构，负责企业技术中心。技术委员会的工作职责包括制定公司的技术创新策略、年度技术创新方案；承担企业新技术、新产品开发项目的立项决策；负责技术中心资金预算的审核。

技术中心主任负责技术中心的日常工作，包括技术中心的日常管理、运行，与公司的专业咨询委员会或公司其他部门进行沟通协调，指导、检查、监督项目团队的创新项目执行情况，评价技术中心的工作表现，负责组织公司内的科研成果评审及奖励工作。

专家委员会一般由企业、高等院校、科研院所及相关单位的专家、学者组成，主要负责技术中心的研发方向、重点研究课题及企业重要工程的咨询与评价。

项目组是指为了完成技术委员会决定的科研项目而组建的小组，对所属的相关实验室进行管理。

## （三）企业技术中心的运行机制

1. 研究开发实行项目（课题）负责人制

企业技术中心通过竞争机制，采取公开招标等方式确定项目（课题）负责人，项目（课题）负责人和科技人员双向选择，通过公开招聘和行政协调确定项目（课题）组成人员。科技项目（课题）由企业各部门结合国内外市场状况和企业发展方向与要求提出，经技术委员会审查批准后，签订科技项目承包合同，根据考核情况下拨科技开发经费。

2. 实行科学技术人才聘用制度

比如，企业技术中心可以根据项目进度和需求，适时增加技术人员，实行能进能出，能上能下。一个项目结束后，技术人员可以直接转入其他项目，不能胜任原工作的，可以转岗或离岗。企业技术中心对技术、管理、后勤辅助人员实行定编、定员、竞聘。

3. 设立一种有效的奖励办法

比如，企业对技术中心进行政策扶持，以技术中心为"特区"，在工资分配、用人制度等方面实行特别优惠制度，奖励在技术研发、技术创新等领域做出突出贡献的人员。同时，建立成本、质量、服务等约束机制，促进新产品的研发，关键产品的技术更新。

4. 建立一个开放的、互惠的合作机制

企业技术中心与市场有着天然的联系，与高等院校、研究院所之间存在着一种内在的联系，可以将企业、科研、教育三者连接起来，在产学研方面起到中枢和联结作用。比如，企业技术中心可以根据国家关于技术转让、专利保护、知识产权保护等方面的政策，与高校、科研机构或个人签署技术转让或技术合作研究合同，以最大限度地发挥外部技术和知识资源的优势。

## （四）企业技术中心的认定与评价

### 1. 分级认定制度

国家发展和改革委员会、科学技术部、财政部、海关总署、国家税务总局共同负责国家级企业技术中心的认定工作，国家发展和改革委员会对企业技术中心建设进行宏观指导，并负责国家级企业技术中心认定的具体组织工作和评价工作。地方政府的经济管理部门负责本级企业技术中心的认定工作。

不同级别的企业技术中心，认定标准和条件也不同，国家级企业技术中心认定标准与条件如表 3-1 所示。

表3-1　国家级企业技术中心认定标准与条件

| 指　　标 | 国家级企业技术中心认定条件 |
|---|---|
| 企业能力 | 有较强的经济、技术实力，有较好的经济效益，在国民经济各主要行业中具有显著的规模优势和竞争优势 |
| 企业重视程度 | 企业领导层重视技术创新工作，具有较强的市场和创新意识，能为技术中心建设创造良好的条件 |
| 研发条件 | 具有较完善的研究、开发、试验条件，有较强的技术创新能力和较高的研究开发投入，拥有自主知识产权的核心技术、知名品牌，并具有国际竞争力，研究开发与创新水平在同行业中处于领先地位。技术开发仪器设备原值不低于 3 000 万元 |
| 人员结构 | 拥有技术水平高、实践经验丰富的技术带头人，拥有一定规模的技术人才队伍，在同行业中具有较强的创新人才优势。专职研究与试验发展人员占职工人数的比例不低于 2% |
| 组织体系 | 技术中心组织体系健全，发展规划和目标明确，具有稳定的产学研合作机制，建立了知识产权管理体系，技术创新绩效显著 |
| 科研活动经费 | 企业科研活动经费支出额占产品销售收入的比例不低于 3% |
| 其他 | 申请国家级企业技术中心之日起向前推算两年内不得有偷税、骗取出口退税等税收违法行为受到行政刑事处理；不得涉嫌涉税违法已被税务部门立案审查；不得有走私行为；已认定为省市（部门）企业技术中心两年以上 |

如表 3-1 所示，国家级企业技术中心的认定标准与条件相对较高，有明确的质量指标和严格的量化指标，适合于大型、中型企业。申请国家级企业技术中心的企业，必须具备较大的规模，较强的竞争优势、技术创新能力等。其目标是通过对"领头羊"的扶持，确定企业技术中心，从而促进整个产业技术水平的提升。

国家企业技术中心的认定过程较为烦琐、严谨。企业应向有关主管部门提交申报材料，由有关部门会同同级科技、财政、海关等部门协调。经税务、海关等相关部门审核，确定推荐名单，并于每年 5 月 15 日之前向国家发展和改革委员会报送，并抄送科学技术部、财政部、海关总署、国家税务局。根据《企业技术中心评价指标体系》，国家发展和改革委员会委托具有资质的第三方评估机构对企业技术中心的申报材料进行初步评定。国家发展和改革委员会根据初步评估的结果，组织专家进行综合评价。在此基础上，会同科学技术部、财政部、海关总署、国家税务总局等部门，根据国家的产业政策，选择最优的技术中心。这两项"择优"，说明了国家对企业技术中心的认定是好中选好，优中选优。国家发展和改革委员会受理申请后 90 个工作日内公布鉴定结果。

2.评审制度

审查是一种对判决结果进行监督的制度，它不仅是对判决的延续，而且是撤销制度的依据。审查的结果是撤销的基础，而撤销是与判决制度相对的一种制度，如果不存在"撤销"，"认定"就显得苍白无力，"认定"的价值也会大打折扣。为了保证"认定"的价值，保证政府公共权力的有效行使，国家会对已确定的企业技术中心实行复审，保证所认定的企业技术中心的认定标准和条件不变。

按《国家认定企业技术中心管理办法》的要求，对国家认定的企业技术中心，每年进行一次评审。由国家认定的企业技术中心，每年 4 月 15 日以前，将年度工作总结及其他评估资料提交有关主管部门。有关主管部门审核后，于当年 5 月 15 日向国家发展和改革委员会报告。根据

《企业技术中心评价指标体系》的规定，国家发展和改革委员会委托具有资质的第三方评估机构进行核查，并对其进行现场核实，经分析、计算，最终得出评估结论，并编制一份评估报告。评估结果及评估报告由国家发展和改革委员会负责审查、核实。评分90分以上为优良，60分以上为合格。评分低于60分，或者连续两次评分为60～65分，或者超过一个月未上报评估报告，或者企业科研活动经费支出额、企业专职研究与试验发展人员数、技术开发仪器设备原值三项指标中任何一项低于评价指标体系规定的最低标准的，均为不合格。评估报告的时间为70个工作日，由国家发展和改革委员会公布。对未通过评审，被依法停业，因技术原因发生重大质量安全事故、涉偷税漏税、出口退税等税务违法行为的企业，取消其认定国家级企业技术中心的资格。国家级企业技术中心申报结果每年公布一次。

## 二、国家重点实验室

实验室是大学、科研院所以及企业建立的科研实体或研发机构，是开展基础研究、应用研究、聚集和培养优秀科技人才、开展学术交流的重要基地，是国家科技创新体系的重要组成部分。实验室的主要任务是根据国家科技发展方针，围绕国家发展战略目标，针对学科发展前沿、国民经济、社会发展及国家安全的重大科技问题，开展创新性研究。其目标是获取原始创新成果和自主知识产权。科学技术部作为实验室的宏观管理部门，负责编制、组织和实施实验室总体规划和发展计划，制定实验室发展方针及政策，宏观指导实验室建设和运行，以及组织实验室评估考核及拨发相关经费等。

实验室建设坚持"三高一优两重点"的原则，即高水平研究机构、高校和高科技企业；优秀的部门（行业）或地方实验室；"两重点"指具有突击前沿获取原始科学创新能力的专门学科实验室和集成关键性、原创性科学技术能力的跨学科综合实验室。国家对实验室实行分级分类管理，满足相关条件的实验室可申请国家重点实验室。

构建和管理国家重点实验室的流程如图 3-5 所示。

图 3-5　国家重点实验室的构建与管理

### （一）申报及认定

申报建立国家重点实验室应满足以下基本要求。

（1）一般为已运行并对外开放 2 年以上的部门（地方、高科技企业）的重点实验室，在某一领域内具有世界领先地位或特点，能够承担并完成国家重大科学研究任务。

（2）依托单位能够为实验室的后勤和相关的资金等提供必要的支持。

（3）主管部门能提供实验室建设经费和实验室建成后的运营资金。

《国家重点实验室建设申请报告》由依托单位提交，经有关部门推荐后上报科学技术部（没有相关部门的，可以直接上报科学技术部）。科学技术部将组织专家审核，审核合格后，申请单位提交《国家重点实验室建设计划任务书》，提交相关部门审核，并报科学技术部审批。

实验室在立项后进入建设阶段，按照《国家重点实验室建设计划任务书》的规定，由国家提供资金，购置先进的仪器和软件，采购大型仪器设备。实验室建设坚持"边建设、边研究、边开放"的方针，在建设过程中，各依托单位要定期向上级汇报工作进度，确保实验室工作人员相对稳定。施工期间，若实验室负责人连续缺勤超过 6 个月，则需要经上级部门审批，并经科学技术部批准更换新的负责人。实验室的建设时间通常不会超过 2 年。竣工后，须向有关部门提出验收申请，由国家技术监督管理机构进行初步审核，由科学技术部负责组织验收。从宏观角度来说，我国应积极运用现代信息技术，积极探索促进科技创新的新科学机构，为高校实验室的建设提供有力的支撑。

### （二）运行与管理

实验室实行开放、流动、联合、竞争的运作机制，实行以单位为主导的院长负责制。由依托单位推荐、上级机关指定实验室主任，并向科学技术部报告。科室主任必须是一位高水平的学术带头人，有一定的组织、管理、协调能力。实验室主任一年至少要在实验室工作 8 个月以上（一次最多不超过 18 个月），特殊情况必须经上级部门审批。

学术委员会是实验室学术领导机关，负责对实验室的目标、任务、研究方向进行审查，对实验室重大学术活动、年度工作进行审查，批准开放研究项目。每年至少举行一次学术委员会的会议。学术委员会成员包括来自国内外的杰出学者，但不能超过 15 名，其中依托单位的学术委员不超过总人数的三分之一，而中青年学者不少于三分之一。学术委员的任期为 5 年，且年龄在 70 岁以下，每次换届时应当有三分之一以上的委员被替换。

实验室采用项目制，采用下聘人员制，科研团队分为固定人员和流动人员，少数固定人员以学科带头人（首席）为首，按学科设置，严格控制人员编制，并由实验室主任公开聘任。其他科研人员数量由学科带头人（首席）按项目需求和项目实际情况自行聘用，报实验室主任批准后，相关费用由项目组承担。

实验室按照学科的发展方向，设立了开放性的资金和项目，以吸引国内外的杰出科技人才，扩大对外开放，进行国际、国内的合作和学术交流。完成的专著、论文、软件、数据库和其他科研成果必须标明实验室的名称，专利申请、技术成果转让、申报奖励等按国家相关法规执行。实验室经费是从运行经费中拨付的，并由实验室主任负责，其经费主要为新的研究方向提供资金。根据国家相关政策，科研经费可被用于岗位补贴、绩效奖励等。

### （三）考核与评估

依托单位应当每年对实验室工作进行年度考核，考核结果报主管部门备案。在年度考核的基础上，科学技术部每 5 年对实验室评估一次，评估工作委托国家自然科学基金委员会按不同领域，本着"公开、公平、公正"和坚持"依靠专家、发扬民主，实事求是、公正合理"的原则进行。

评估分为现场评估和会议复评，对实验室 5 年的整体运行状况进行评价，主要指标为研究水平与贡献、队伍建设与人才培养、开放交流与运行管理，具体如表 3-2 所示。

表3-2　考核主要指标

| 指　标 | 权　重 | 要　点 |
| --- | --- | --- |
| 研究水平与贡献 | 50% | 总体定位和研究方向、承担任务、代表性研究成果 |
| 队伍建设与人才培养 | 30% | 队伍结构与团队建设、实验室主任与学术带头人、人才培养 |
| 开放交流与运行管理 | 20% | 公用平台、学术交流、运行管理 |

每年 11 月 1 日以前，科学技术部将公布下一年度的实验室名单。每年的 11 月 11 日，国家自然科学基金委员会将部署下一年度的实验室评估，并对参与单位提出具体的评价要求。

《实验室评估申请书》（以下简称《申请书》）由参与实验室的主管部门进行审查，并在出具鉴定报告后三个月内将其递交至国家自然科学基金委员会。国家自然科学基金委员会将对《申请书》进行审核，在评审年度 3 月 1 日之前，向有关科学部提交《申请书》和各项必要的文件和表格。

通常在 3 月份进行实地评估。评审以实地评审为依据，评审时间通常定在 5 月份，采用集中评审的方式。在评审完成后的一个月内，由国家自然科学基金委员会将当年的年度评审工作总结及其他有关资料呈交科学技术部。科学技术部对评审报告进行审查，将评定结果分为优秀、良好、较差三个等级，并通过恰当的途径予以公布。

被评定为"较差"的，将被取消国家重点实验室资格。经两次评定"优秀"的单位，由国家有关部门向科学技术部提出免评估一次，其结果视为"良好"；如果实验室连续三次被评为"优秀"，则可申请免参加一次评估，其结果视为"优秀"。其他未参与评审或中途退出的，将被视为放弃国家重点实验室资格。

## 三、国家工程技术研究中心

国家工程技术研究中心（以下简称工程中心）是主要依托于行业、领域科技实力雄厚的重点科研机构、科技型企业或高等院校，拥有国内一流的工程技术研究开发、设计和试验的专业人才队伍，具有较完备的工程技术综合配套试验条件，能够提供多种综合性服务，与相关企业紧密联系，同时具有自我良性循环发展机制的科研开发实体。

工程中心旨在我国社会主义市场经济体制下，探索科技与经济结合的新途径，加强科技成果向生产力转化的中间环节，缩短成果转化的周期。同时，面向企业规模生产的实际需要，提高现有科技成果的成熟性、配套性和工程化水平，加速企业生产技术改造，促进产品更新换代，为企业引进、消化和吸收国外先进技术提供基本技术支撑。

### （一）申请及立项

科学技术部将按照国家的实际情况，对项目建设进行统筹规划、统一安排。按照国家建设工程中心的总体规划和布局原则，提出申请的单位必须具备下列基本条件。

（1）在某一技术领域拥有强大的科学研究力量，承担并完成了国家重大科技项目，是业内公认的学术和技术权威；具有良好的技术研发与设计基础，在成果转化方面具有丰富的背景和经验。通常还应当是该行业技术监督管理的归口机构，兼有产品检测、标准制定、成果推广、质量监控和技术咨询等职能。

（2）工程技术带头人拥有较高的技术水平和较强的工程化实践能力；具有一定数量、高层次的工程技术研究人才；具有能够胜任工程试验任务的熟练技术工人。

（3）工程技术测试条件和基础设施已基本具备，且拥有检测、分析、测试手段、工艺装备等。经过组建和完善，能够全面胜任工程技术试验任务。

（4）具有雄厚的科研资产和经济实力，能够筹集到足够的资金，具有良好的信用和融资能力。

（5）在科学技术体制改革中，已经形成自身良性循环的发展机制。具有改革意识强烈、勇于创新、高效能干的领导小组，具有强大的组织管理机构和管理队伍。

（6）与其他企业建立紧密的合作关系，并有将工程技术成果辐射给这些企业的成功经验。

每年按照"成熟一个，审批一个"的原则，组织立项，制定和发布工程中心的年度组建计划。

## （二）建设及管理

工程中心采用边组建、边运行的工作方式，组建周期通常为3年。各依托单位每年6月、12月将各阶段的建设进度向上级主管部门汇报，由其汇总、签字，上报科学技术部。科学技术部将与相关上级主管部门定期监督建设项目中心的建设进度。如发现与原组建计划不符，有权责令限期整改，直至项目终止。

工程中心与依托单位、上级主管部门保持原有的隶属关系。工程中心在开展工程化研究开发业务方面相对独立。财务上可以单独进行会计核算，可以和依托单位共用一个法定代表人。工程中心实行主任负责制。设立一名主任，几名副主任，组成一个高效、精干、团结的领导班子。工程中心实行聘用制度，实行员工自主管理。人员采取流动机制，有进有出。

国家支撑工程中心在国际上进行广泛的合作和交流。可邀请国外专家、科研人员到工程中心进行技术交流、参与研发，或与国外相关机构合作。工程中心的薪酬总额和收益挂钩，可自主支配。其员工的奖金，按照项目的研发成果，按一定的比例分成。对于做出突出贡献、创造明显效益的人，可以获得丰厚的奖励。客座人员在工程中心工作时，可享有与本单位正常工作人员相同的待遇，工程中心应为其提供更好的居住环境。

## （三）验收及考评

工程中心组建完成后，按照《国家工程技术研究中心组建项目计划任务书》，科学技术部将与相关部门、部门和专家进行验收。验收工作按照科学技术部规定的相关"验收大纲"进行。验收合格者，将被正式命名为"国家工程技术研究中心"，并制作和悬挂一块统一的牌子。

工程中心投入使用后，由科学技术部和相关上级主管部门组成评估小组，每两年对其运营情况和业绩进行评估。根据科学技术部制定的相关"考评细则"进行考核。考核后，对工作表现良好、优异的人员予以表扬和奖励。对管理不力的，责令限期改正。对连续两次考核不合格的，将撤销该工程中心资格，并酌情收回国家的相关投入或调出相关的仪器和设备。

工程中心享有国家给予科研院所的各种优惠政策。

# 第四节　产学研合作的开展

　　企业、高校和科研机构在社会生活中扮演了不同的角色，它们拥有的资源优势也各不相同。实践证明，整合产学研的优势资源，进行协同创新是企业科技创新的有效途径之一。

　　产学研合作是科研、教育、生产三个不同社会分工系统在功能与资源优势上的协同与集成化，是科技创新上、中、下游的对接与耦合，其实质是促进科技创新所需各种生产要素的有效组合。产学研合作是科技成果供需双方密切交流、配合协作的一种科技创新模式，具有研究开发与市场联系紧密、信息渠道畅通、反馈快捷灵敏、科技开发行为的自组织性等特点，机制上有利于保障科技预测与决策的正确性、可靠性和可控性，减少和防范科技成果转化的技术风险和市场风险。更重要的是，产学研合作开发促使技术转移界面向上移动（即技术转移发生在工业性开发之前），使企业（技术使用方）具有更多的技术机会、更强的识别能力和早期开发的参与能力。目前，中小企业缺乏研究与开发的能力，也缺乏人才、科技成果、科技信息，以致缺乏新的能满足市场需要的产品。同时，高校和科研机构有比较丰富的人才资源，有比较多的科研成果，也有比较丰富的科技信息，但是缺乏对市场的理解分析能力。显然，产学研合作与开发，可以形成科技创新的协同力，可以有力地促进科研成果的转化，提升企业的自主创新能力。

## 一、产学研合作的主要模式

　　产学研合作模式，从合作内容看，可分为技术转让、技术开发（包括联合开发、委托开发）等模式；从合作推动力看，可分为大学或研究所推进型、企业推进型、政府组织型等模式；从合作功能耦合的强弱关系看，可分为政府推动、自愿组合、合同连接和共建实体等模式；从组织边界角度看，可分为内部化模式、外部化模式、半内部化模式；从合作时间长短看，可分为临时性合作、契约型合作、一体化合作。著者按照合作的组织形式将其分为项目合作模式、一体化模式和产业创新链模式三类。每一类合作模式的合作机理和特点各不相同。

### （一）项目合作模式

项目合作模式是指企业与高校、科研机构通过项目的方式开展合作，由需求方和供应商组成，或组建一个项目小组，以解决技术成果产业化过程中遇到的困难。

该模式中包括技术成果转让、技术研发委托、技术难题攻关、技术咨询等合作方式。华普与上海交通大学在产学研方面的合作就是典型的例证。华普是上海市的一家自主品牌汽车公司，始终坚持走自主品牌、自主创新的道路，与国内一流大学、科研机构、国内外优秀工程技术公司、知名供应商等联合，在短短几年内，快速提升了自己的研发和制造能力。2006 年 9 月 28 日，上海第一辆以高校为主体研发的产业化汽车海域 MB 正式投入生产，走出了一条高校与企业产业化合作的道路。

据悉，上海交通大学和华普共同发起的"海洋 MB 自主车型整车"项目后，上海交通大学调动了学校所有的人力物力，以雄厚的技术和人才资源，与华普"合理定位，市场导向"的企业文化融合，把高校的技术、人才优势变成了实际的产品优势，充分释放出科研成果产业化的巨大潜力。

### （二）一体化模式

一体化模式是指企业与高校、科研机构为达到某一目标共同建立的平等互利、风险共担、利益共享的技术经济组织，它是我国目前产学研合作的最主要形式。具体表现为共同建立技术中心、研发中心、研究院甚至共同建立企业。合作内容从技术、生产方面扩大到资金、设备、人才、管理、销售等多个方面，合作过程由技术协作、技术生产协作延伸到技术—生产—经济合作的全过程，表现为科研、设计、中间试验、生产、销售等方面一体化合作。

1. 内部整合

内部整合包括高校内部整合、科研机构内部整合、高校内部整合。其是指高校自己成立公司，并作为公司的管理者，比如北大方正集团、清华同方、东大阿尔派、江中集团等知名的校办高新技术企业（集团），都是这方面的典型代表。另外，一些名校参股的上市公司也已成为国内股票市场中一颗颗璀璨的明珠。科研机构内部整合是指企业自己设立研究机构，吸收高校和科研机构的技术人员，以促进其技术创新。

2. 外部整合

所谓外部整合，是指高校、科研机构以技术入股、资本投入等多种形式与公司联合组建新公司，形成一个自主经营、自负盈亏的新企业。高校和科研机构的科研人员在企业中从事全职或半职工作，其工作任务不受原单位的委托，而取决于企业的业务目标。

以此为基础，高校或科研机构既要具备先进的技术，也要具备生产上可行的研究成果，要能快速地把一批市场上急需的技术成果转化为经济利益。在这样的企业里，各成员的利益共享与风险分摊取决于双方持股比例。

一体化模式是高校、科研机构与企业之间最先进、最紧密、最有效的一种合作方式，适用于大型企业团体、大型大学、研究机构等。

（三）产业创新链模式

所谓产业创新链，就是着眼重点领域，由政府主导，整合核心企业、高校、科研机构、产业内的中小企业及其他相关资源，在产业内进行共性技术与关键技术的研究，以推动全产业链的革新，提高产业的竞争能力。大部分的产业链创新模式都是以产业技术创新联盟的形式进行的。

大公司主导的产业集群或产业链支持着地区的经济发展。当今世界，经济的竞争已经成为产业综合实力和产业配套体系之间的竞争，产业竞争力的提升使各地区的生产要素在流通过程中得到有效的优化和整合，真正形成由大公司主导的产业集群或产业链，从而为我国的经济发展和工业结构的提升提供有力的支持。其核心是建立以大型企业为主导的产业支持系统和服务系统。将重点放在扶持这些公司的发展上，让它们能够自主整合外部的研究资源，发展自己的产业链，加速它们的产业配套系统的建立。

一般认为，企业技术创新联盟是基于以下理由成立的：第一，企业技术创新联盟的产生本质上为了节约成本、分散风险、实现资源有效分配，为了快速获取业务机遇和策略优势，借鉴其他公司现有的知识、技术。为了资源互补，提升核心技术能力。但是，在技术合作方面，目前尚无一个统一的实践，但可以确定的是，企业技术创新联盟是一项富有成效的活动。以大型企业为主导的产业集群或产业链，可以为经济发展、产业结构的升级提供有力的支持。第二，在定价、订购数量等方面，大公司占主导地位，拥有较大的话语权。而中小企业较依赖大企业，处于被动的地位。同时，大公司具有较强的经济实力和较高的行业地位，具有较强的组织动员能力。因此，企业技术创新联盟可以将高校和科研机构的研究资源有效地结合起来。第三，在以大企业为主的企业技术创新联盟模式下，许多中小企业以大企业为中心，为其提供配件，或执行与大企业相关的特定功能，从而形成一种稳固的合作关系，以此获得新的发展机会。

### （四）三种模式的特点分析

1.项目合作模式的特点

项目合作模式是围绕项目开展双方或三方合作，比如企业委托大学、科研机构进行技术开发、技术咨询等，或者双方共建联合攻关项目组，一旦项目完成，双方的合作即告终止，出现新的项目则再度合作。其特点有如下几个。

（1）合作的组织都是以项目组的形式出现。

（2）合作以项目为载体，项目结束，合作终止，一般持续时间较短。

（3）合作前签订相关协议，各自承担相关的责任和义务。

（4）需求方付出费用获得成果，提供方提供技术、人才服务，取得收入。

2.一体化模式的特点

一体化模式的合作各方关系比较紧密，通过共建技术中心、研究中心或经济实体，使双方的合作长期化。实体进行相对独立的运作，每年有具体的计划和工作任务，其特点有如下几个。

（1）合作的组织以实体形式出现，以服务本企业为目标。

（2）合作时间为实体存续时间，理论上具有永续存在性。

（3）双方共同投入，但实体相对独立运作。

（4）合作双方风险共担、利益共享。

3.产业创新链模式的特点

产业创新链模式与前两种模式有较大的差别，一般由产业的龙头企业牵头，整合大学、科研机构和产业内企业共同组成产业技术创新联盟，目的是研发影响产业的关键技术或共性技术，其特点有如下几个。

（1）合作大多由行业的核心企业牵头或围绕行业核心企业开展。

（2）政府的引导作用往往十分重要。

（3）着眼于对行业的整体带动，提升行业的竞争力。

（4）合作周期较长，服务于产业技术持续创新的需要。

## 二、产学研合作的主要机制

### （一）动力机制

动力机制是产学研合作的动因，其根源在于整合领域总体目标与基本利益的连贯性，体现在高品质的产品与高素质的人才之间，通过科技的媒介，将各方面的利益凝聚在一起，并且要实现双方的优势互补，从而实现共同发展。企业贴近市场，对市场需求、产品技术更加敏感，但缺乏能够及时掌握最新技术发展趋势的人才和专门技术，因此掌握新技术的发展趋势，是企业实现可持续发展、保持竞争优势的必然要求。对有战略眼光和长远发展愿景的企业来说，其要紧跟产业或领域技术发展的前沿，高校和科研机构在这一领域有着得天独厚的优势，所以，很多企业都会从长期发展的观点出发，密切关注产业或领域的技术动态。这就是企业与高校、科研机构"优势互补"的结果。大学拥有雄厚的技术人才和科研人员，同时拥有昂贵的专业仪器和大量的文献。这些资源对于企业的自主创新、实现成果转化都是必不可少的。而企业在产学研合作的过程中，可以将这些资源有效地加以利用，从而达到"资源共享"的目的，达到最大限度地发挥社会资源的作用。

产学研合作是高校、科研机构自我发展、自我提高的必然选择。这一点主要体现在以下几个方面：第一，学科建设的必要性。高校和科研机构通过产学研合作，既可以树立学科特色，又可以发挥科研特长，还可以实现自我价值的最大化，树立自己的品牌。第二，可以加速科技成果的转化。高校和科研机构通过产学研合作，可以更好地了解企业的需求，了解市场动态，得到企业的资助，促进企业的技术转移和产业化。第三，可以争取财政扶持。高校和科研机构通过产学研合作，获得稳定的经费来源。第四，可以培养高素质的人才。产学研合作为教师、科研人员的发展创造了良好的条件和平台，有利于高校教师、科研机构科研人员、企业技术人员观念碰撞与知识交流。在这种合作过程中，教师和科研人员不断地接触市场、了解市场、熟悉市场，打破围墙，改变观念。这对教师和科研人员来说，都是一种很好的磨炼。

### （二）协调机制

协调机制是指按照产学研合作的基本原则，按照教学与生产劳动的基本规律，进行管理调整和自我调整。这是一种宏观调控和微观调控相结合的机制，以实现国家宏观引导意图和公司激励目标，使产学研合作顺利进行，从而解决合作中出现的各种问题，并在双方都能从中受益的基础上进行交流，减少冲突，保持整体合作。

拥有科研、生产、社会支持三大系统，涉及科研、生产、销售、市场等多个方面，产学研合作是一个复杂的系统工程。产学研合作要想有效发挥作用，就需要建立健全的协调机制。当前，一些地区虽设立了产学研协同工作领导小组和办公室，但主要在组织和协调层次上推进，组织结构不够完善；在总体规划和运作上，缺少系统性，没有产生很好的推动作用。2006 年，科学技术部、财政部、国务院国有资产监督管理委员会、国资委、全国总工会、国家开发银行联合组建了"推进产学研合作工作协调指导小组"，进一步强化了相关部门的顶层设计和统筹协调。在过去的几年，"产学研合作"领导小组通过不断优化协同机制，取得了显著的成效，他们对组织结构进行了进一步完善，提高了协同工作领导小组和办公室的组织协调能力。同时，他们还在总体规划和运作上实现了更高程度的系统性，成功地推动了产学研合作的深入发展。

### （三）风险共担机制

高风险与高回报并存是科技成果转化的双重特征，因此应构建产学研风险共担机制，实现"分层次、分阶段"的风险管理。例如，大多企业认为，产学研合作中的市场研究应当以企业为主导，因此企业要承担创新产品的市场适应性风险。在分配中，应降低预先支付的技术转让费用，采取技术入股等方式，将高校、科研机构的薪酬与企业的经济效益挂钩，降低企业的风险。再比如，技术创新项目的技术可行性判定和实施过程由高校、科研机构承担，而高校、科研机构则可以将其推向研发的源头，使其早日投入研发，承担成本和风险。因此，高校、企业、科研机构在产学研合作中既要有利益的获取，又要有承担风险的责任。

### （四）激励机制

激励机制是在产学研合作中实施的一种"奖勤罚懒""优胜劣汰""鼓励发展"的制度。加强产学研合作，应引进一套合理的竞争机制，在人员、分配、管理岗位等方面进行一系列的考评，建立考核、监督、约束的保障体系，确保考核准确，合理评价，形成监督和约束机制，真正做到有所作为。对于产学研合作中的科研机构和生产企业，政府将为其员工提供失业、医疗、养老等社会保障，以解决其后顾之忧，使其充分发挥智慧。政府和相关部门结合实际，在利益分配、知识产权、税收信贷等方面进行利益分配。在职称评审等方面，要根据现行的相关政策，制定更具体、更有操作性的实施办法，调整各方的利益，激发他们在产学研合作中的工作热情。

### （五）约束机制

为了使高校、科研机构和企业达成良好的合作，约束机制通过法律、法规、制度、合同、协议、考核、评估等办法来约束各方的合作行为，提高合作的自觉性，维护各方的共同利益。

## 三、多维度推动产学研合作

### （一）从生产（公司）的视角看问题

企业是技术创新的主体，而在产学研合作中，企业无疑是协同创新的核心和主导者，是整个合作创新的发动者和引导者。在合作与创新的进程中，企业应积极主动地向"自我"靠拢，尽早地开展研发活动。在创新项目的选择上，企业要积极地把技术创新和科研创新结合起来，在产学研合作中获取符合企业要求的创新性很强的关键技术。从接受项目到发布，从"交钥匙"到开拓新的项目，企业应真正成为项目的选择主体。在投资上，企业不能只停留在产品和商业化的阶段，应尽早投入资本，投入研发活动。在早期的接触中，企业要想找到一个好的合作伙伴，就必须有一个良好的合作关系。企业应尽早寻找"科技种苗"，尽早注入资本，利用自身的基础设备、工程技术、人才，与相关部门合作，逐步发展壮大，形成具有市场竞争力的产品。

### （二）从高校和科研机构的视角看问题

高校与科研机构之间存在着许多相似之处，它们都拥有比较好的科技资源，包括设备、仪器、人才、技术、项目等。如何把这些技术资源变成生产力，服务于市场，为社会创造更多的价值是高校和科研机构必须认真思考的问题。高校和科研机构要进一步延伸到产业链的下游，以促进协同创新。

首先，高校和科研机构要转变观念，树立市场竞争意识，服务企业意识，积极投身高新技术产业化，谋求科研的重大突破。此外，还要充分认识到，在市场竞争环境下，在产业部门精简、资金投入缺乏的情况下，高校和科研机构必须积极地解决企业的生产问题，只有这样，才能得到企业的支持，有了合作的基础，才能得到持续的经济收入。另外，由于技术与生产之间的相互转换周期不断缩短，并逐渐走向融合，基础研究、应用研究、开发与产业化之间的界线愈加模糊，而企业在工业化进程中所面临的现实难题，往往孕育着重大基础研究课题，对高校和科研机构科学创新和学科建设具有促进作用。所以，高校和科研机构在选择科研项目时，在思想上要有一个转变，即按照科学技术的发展规律，选择符合市场经济要求，能与生产、营销相结合的科研项目。

其次，高校和科研机构要根据自身科技成果的优势，积极拓展整个产业链。比如清华同方，就是清华大学利用自身的技术和人才资源，发现和筛选出符合市场需求的项目，通过"技术＋资本"的运营，培育出的新的企业。

最后，高校和科研机构应充分发挥科技人才的优势，增强科技人员与企业的关系，让他们积极参与到企业的技术革新中。在完成教学、科研任务的情况下，高校和科研机构应当允许和支持教研人员从事企业技术咨询工作，鼓励科技人才到企业兼职，或自主创业，也可以让学生继续在学校注册或者兼职开办技术创新公司。

### （三）从政府的视角看问题

国内的产学研合作离不开政府的推动。首先，英国经济学家弗里曼在创立"国家创新体系"时，提出创新不仅仅是一种产学研，而是一种国家的行动，它对一个国家的经济发展和竞争能力的提升起到了重要的作用。其次，作为一种重要的创新活动形式，产学研合作尤为重要。中小企业具有创新动力但缺乏创新力量，科研人员往往不能独立地进行创新活动，即无法对创新所带来的风险进行控制。企业愿意为大部分技术成果的转化工作承担一定的风险，但不愿完全承担，而是希望政府能够通过相关政策（比如补偿）或风险资本中介机构来分担风险。所以，产学研合作背后须有国家的强力支撑。

在产学研合作中，政府的职能主要体现在以下几个方面。

（1）制定相关法律法规和政策，规范、引导、激励和促进产学研合作创新。

（2）协调产学研合作各方的利益及各方利益与社会利益的关系，监督产学研合作组织及合作各方的行为，解决技术创新合作过程中发生的冲突。

（3）建立产学研合作专项基金，并对产学研合作创新项目进行立项并给予资金支持。

（4）提供产学研合作创新的信息服务、咨询服务及典型推介工作，提供条件，促进产学研的国际交流与合作。

（5）采购企业的自主创新产品，包括原始创新产品、产学研合作创新产品及引进消化吸收再创新产品。

但是，在产学研合作创新的实践中，产学研合作组织要正确认识政府的作用，不能过度依赖政府。在以市场机制为根本导向机制的知识经济背景下，政府在产学研合作中的作用是有一定限度的，市场的利益分配规律、价值规律、资源配置规律与等价交换规律成为无形的手，制约着产学研合作的运行。由此可见，正确处理政府与产学研合作各主体之间的关系尤为重要。

# 第五节　借助技术外包与技术创新战略联盟

随着经济全球化的发展，企业之间的竞争越来越激烈，企业在产业发展中的分工也越来越细，在产业链的各个环节都涌现出一批优势企业。企业科技创新能力已不单单取决于企业自身的实力，整合和利用相关企业的优势资源来提高自己的竞争力已成为许多企业的共同选择，进行技术外包和建立技术创新战略联盟是其中的主要方式之一。

## 一、技术外包

### （一）技术外包概述

外包是指由于某些原因，将某些非核心业务交给外部的公司。以前，外包被视为公司不得已的选择，但现在外包对于企业经营来说是至关重要的。

公司采用外包的主要理由是，外包意味着由一个基于资金的产业转移到一个基于信息的产业，正是由于信息技术的发展，外包变得更加经济（交易费用较低）。

但是，技术外包是一把双刃剑。当然，技术外包能加快新产品和新工艺的研发，节省成本、减少风险、实现后发优势，但是它的消极作用也不容忽视。技术外包（尤其是直接采购技术）最大的缺点是，企业会对外界技术产生严重的依赖性。通常，技术外包可以带来短期的收益，但是企业在新技术研发方面的投入（包括人员）会有所下降，这必然会影响到企业的技术实力。最糟糕的结果是，不断的技术外包会使企业最终丧失吸收技术的能力，最终导致企业由于技术能力的缺失而被吞并或倒闭。因此，企业在实现技术外包时，必须从提升技术创新的角度出发，提升自身的核心能力。

### （二）常见的技术外包形式

技术外包有利也有弊，所以不能完全适应企业各个阶段的发展。适宜技术外包的公司，其外包的内容及方式也不尽相同。接下来将重点阐述两种最常用的技术外包：IT业务外包与研发外包。

1. IT业务外包

（1）IT业务外包的优势。信息技术外包是指通过签订长期合约，企业将部分或所有的信息技术服务交给专业的信息技术服务企业。一般的IT业务外包包括引进和维护IT设备、管理通信网络、运营数据中心、开发与维护信息系统、备份与灾难恢复、信息技术培训。

近几年，随着信息化时代的来临，外包行业的发展速度越来越快，在所有的外包费用中，IT业务外包的成本是最大的。一份调查显示，在所有的外包服务中，IT业务外包的成本约为28%，大部分企业都会把自己的一些IT业务外包给其他企业。美国管理学者彼得·德鲁克曾经预测："在10到15年内，所有只为后台服务、不为公司带来收入的工作都要外包。"[①]

---

① 德鲁克.卓有成效的管理者[M].中英文双语典藏版.许是详，译.北京：机械工业出版社，2005：46.

外包增强了企业的应变能力，帮助企业应付迅速发展的全球经济，并在竞争激烈的市场环境下，专注于提高企业的核心能力。外包公司在规模经济、专业化和最新技术的熟练程度上都有着显著的优势，而这是个别企业的 IT 部门无法企及的。由于多种原因，企业可能会将其信息技术服务外包出去，例如，随着经济全球化的压力、市场的萎缩，以及产品的制造周期缩短，公司被迫不断调整整体目标，为了增强竞争力，市场将促使企业采用外包的方式。通过这种方式，企业可以对市场的变化做出及时的响应，定期进行软件的升级。也有的公司缺少专业的技术人员，把外包当作一种实际的选择，可以及时获得引进和开发新技术所需的专业技术。

对于 IT 企业来说，将 IT 业务外包的优势主要体现在以下几个方面。

①资源在商业战略和企业部门中被重新分配，非 IT 业务的投资得到加强，有利于强化企业核心竞争力，获得对市场做出有效反应的能力。

②有利于信息技术人才不足的企业获取最好、最新的技术，与技术退化有关的难题得到解决。

③由于是信息技术厂商提供专业化服务，信息技术服务的效率会得到较大提高，服务的成本也会得到一定的节约。

同样，对提供外包业务的信息技术企业来说，信息技术外包也有诸多优点。

①形成外包业务产业，有利于促进信息技术厂商形成分行业的解决方案，有利于一批专业信息技术厂商的成长。

②规模化经营，能够持续降低信息技术服务的成本，提高服务效率。

③外包业务的集中，有利于知识和软件在不同企业间的重复使用，有利于信息技术人员的快速成长。

（2）IT 业务外包方式。

①根据 IT 业务外包内容的不同，IT 业务外包分为整体外包和选择性外包两种类型。整体外包是把 80% 以上的 IT 业务外包出去，而选择性外

包是把若干个 IT 业务外包，而外包的总数量不到 80%。

②根据客户与外包商之间的关系，IT 业务外包可以分为营销关系型外包、中间关系型外包、合作型外包三种类型。

③根据企业的战略意向，IT 业务外包可以分为三大类：信息系统改造外包、业务提升外包、商务拓展外包。

④根据价值中心理论，IT 业务外包可以分为成本中心型外包、服务中心型外包、投资中心型外包和收益中心型外包。

（3）IT 业务外包流程。一般情况下，IT 业务外包包含以下三个环节。

①外包决策程序：考虑是否要外包，外包什么，是有选择的外包还是整体外包。最重要的问题是，外包会对企业产生什么样的影响，其中包括它能否为企业带来利益，外包会不会影响到企业的核心能力，对企业资讯部门和员工的士气有何影响，是否能够保持外包业务的控制权。

②外包商的选择：考虑选择本地还是海外的外包商，选择一家还是多家外包商。选择 IT 外包商时，应从以下六个方面来考量：一是外包企业的资质，如 IT 部门的系统集成商证书、软件制造商证书等；二是外包公司研发的软件或其他科技产品的表现；三是其他顾客对此外包商的满意度，此外包商是否有被投诉的纪录；四是此外包商的品牌及声誉；五是外包商的工程管理能力，例如软件工程工具、质量保证体系、配置管理方法；六是管理和技术人员的年龄和流动性、控制成本、进度和质量的测量等。

③外包商的经营流程：应考虑与外包商签订长期合同还是短期合同；如何预防外包过程中的风险；怎样监督外包商企业各个部门；怎样与外包商进行工作协调；怎样评估和合理地奖励外包商。

（4）IT 业务外包的风险。

①失控的危险：主要有服务不能按时提供，质量得不到保障；弹性降低，改变需求在与外包商进行协调之后才能得到解决；由于成本上升，外包商往往会提出额外的费用；企业的保密资料有向外包商泄漏的风险；

公司的知识产权也有可能遭受侵犯；等等。

②来自外包商的风险：若签订长期的外包合同，企业将不能从技术发展中获益；在初创阶段，若不能正确预测市场需求和变化，及时与外包商进行有效的沟通，企业的发展将受到影响；外包出于本能对成本进行控制，从而增加自己的利益；外包商只供应陈旧的设备和服务；等等。

③技术变革的风险：信息科技的发展仍然是无法预测的，而企业经营环境的改变也具有不可预测性，在信息技术与商业环境都不确定的情况下，外包商如何为将来的商业需求提供支撑。信息技术在企业中的运用，更多的是一种体验式的过程，若外包，外包商能否有充分的动力来了解企业所需的信息技术。

④测度和管理的风险：外包后系统成本一般不会减少，减少的主要是可变成本，所以计算所有的成本时要包括管理外包活动的时间和人力的成本。在外包过程中，企业要依赖一个外包商但无法控制其行为，如外包商利润最大化、外包商的转包等。事实上，合同对企业而言是一种束缚，而对外包商而言则是一种可利用的手段。外包可能会阻止企业内部信息技术人员对新技术及其应用的学习。

（5）IT业务外包的管理。IT业务外包具有一定的风险，所以对其进行科学的管理是十分必要的。

①工程建议书管理：工程建议书是工程承包管理的核心文件，也是后续监控、协调、管理外包等工作的基础。制定工程建议书时，应先确定企业的信息技术需要，并相应地确定硬件、软件、服务、成本与时间。一旦工程建议书拟定，要想办法通知并鼓励外包商竞标，对外包商的标书进行评价，在服务质量和费用之间权衡。以此为基础，选取较为理想的外包服务方案。

②外包合同管理：外包合同是外包管理中的一个重要文件，有利于企业管理外包商并减少外包风险。外包合同管理，包括外包合同的制定、签订、更新和终止。签订了外包合同后，IT部门的首要工作就是对外包

服务进行监测、评估和控制，并对终端用户和服务提供者进行协调，以确保服务的准确、及时，从而保障企业的利益。

③服务外包的监督：一是外包管理组织建设监督。例如，企业与外包服务商之间的整合，整合可能发生在企业与外包服务商之间，也可能发生在双方的信息技术部门。按照合同，企业 IT 部门的部分人员将会被分配到外包服务商，但是哪些人员应该被分配出去，哪些人员应该留下来，哪些人员应该被解雇，这是一个很棘手的问题。因此，企业应与员工充分沟通，采取恰当的激励措施，说服部分核心员工前往外包服务商，而非竞争对手那里工作，并保留最有潜力的员工留在企业内部。对于留下来做外包管理的人员来说，积极学习、提高自身的管理水平显得尤为重要。外包管理人员必须具备协调能力、沟通能力、技术能力，具备财务、业务、合同管理的技能，掌握处理纠纷的技巧，与外部服务商的高级决策人员保持良好的人际关系，掌握信息技术外包服务的发展趋势。二是外包服务过程监督。外包服务商是一个独立运作的公司，其行为必然受到利益最大化的驱动，企业的利益不可避免地会与其自身利益产生冲突，因此企业每天需要与外包服务商进行面对面的沟通，及时纠正服务商违约行为，以维护自身利益。对外包服务商进行监督、协调和控制，企业需要一定的管理技巧，既要严格遵守合同条款，又要有充分的灵活性，始终注重合作。实际上，企业的 IT 服务需求在不断改变，而企业的 IT 环境尤其是 IT 技术本身也在发生着变化，外包服务商的能力需求也在发生着变化。因此，企业应充分认识这些不确定因素，并及时与外包服务商、企业的高级决策人员进行沟通，力求在发展过程中解决问题，保护公司的利益。在外包服务管理流程中，合作是一个重要的课题。合作可以分为正反两方面。正面的合作是指企业与外包服务商分享企业理念，提供激励，建立良好的联系，帮助其树立信誉等，而负面的合作则是指所遇问题均以经济和法律手段来解决。在尽量寻求主动合作的前提下，企业应通过构建外包服务商认可的纠纷化解机制，妥善处理纠纷。

2.研发外包

（1）研发外包的必要性。研发外包指将研发工作外包给其他公司，以更有效地利用资源，提高企业的竞争力。过去，人们认为，研发是企业的生命，只有持续的技术创新，才能保持企业活力。而现在，越来越多的企业意识到，它们的利润来自客户的忠诚，来自他们的供应链管理，不仅仅是因为他们的产品开发。这让企业必须衡量是否应该自己来做研究。

①创新导致公司面临巨额金融风险。比如，一款适用于大众市场的新型汽车，其研发费用已超过 10 亿美元。投入几十亿美元研发未被证实的产品，大部分企业都会三思而后行。

②一家企业革新所有热点项目，似乎是一件很困难的事情，就像医药工业一样，即使最大的制药企业，也无法独立地对每一种新药进行深入的研究。把新的研发工作委托给其他专门公司，会让研发的速度更快，成本更低。

（2）研发外包的客户。目前，研发外包的客户主要有国内外同行业企业和高等院校、研究机构。

①与国内外同行业企业进行合作，即将企业的研究开发项目外包给其他企业。合作企业有两种：一种是主盟公司的竞争对手，他们会联合起来，达成双赢，就像很多国内的汽车制造商和国外的汽车品牌都有合作关系一样。另一种则是从事研发外包业务的公司，比如赛龙国际（孙景春在美创立的一家自主研发手机公司）已经为手机制造商开发出 700 万台手机。

②与高等院校、研究机构合作，即产学研合作，政府、企业、高校、研究机构通过集体合作，实现科技和相应产品（或服务）的联合开发。总体上采取项目委托、联合研发、建立培训中心、设立联合科研机构等途径。当前，我国政府大力倡导产学研合作模式，并取得了一些成果，极大地提高了企业的技术创新能力，有效地推动了我国科技力量向"主

战场"的转移，推动了科学技术与经济的密切联系，并产生了显著的经济效益和社会效益。

（3）研发外包的方式与内容。当前市场上的技术外包方式有两种：第一种是开发外包。产品开发包括市场调研、产品概念形成、产品策划、产品开发、中试、发布、大量生产产品等流程。如果将所有的研究工作都外包出去，那么公司就可以享受别人的研究成果。就拿手机的研发来说，一家公司如果不会自己研发手机，可以用别人的芯片、电路、外观组装自己的手机。第二种是研发工作外包。企业在新产品研发过程中，自行承担一部分系统或组件的设计工作，剩余的则交给其他企业。就拿手机来说，企业可以设计外观、电路、芯片，剩下的交给其他企业去做。再如现在的汽车业采用"流水线"的生产模式，打破了以往的传统，将所有的研发项目都集中在一个研发中心，并将一部分研发工作外包给了其他公司，确保了利用不同企业的研发成果打造一个完美的产品。

当进行研发外包时，应考虑到底要把什么内容外包出去。技术可以根据生命周期分为新兴技术、关键技术和基础技术。新兴技术目前尚不成熟，但在未来会是企业的核心能力；关键技术是当前企业的核心能力；基础技术是一项重要的技术。如果一个公司没有掌握关键技术，并且对外部世界有很大的依赖，那么它就会失去核心能力，哪怕它可以将精力集中在产品的品牌和质量上，但最终还是会被其他公司控制。对于新兴技术，企业要认真分析其未来能否成为公司的关键技术，如果可以转化为关键技术，则要进行自主研发，否则企业将会蒙受巨额亏损。19世纪80年代，IBM将其操作系统及处理器业务外包给微软与英特尔，从而铸就了两大IT产业的"巨人"。企业在对基础技术进行投入产出分析的基础上，可以决定是否自行开发或外包。完全外包就是将企业的主要技术和非核心技术外包出去，尤其是高科技公司，如果长期实行全业务外包，可以节约大量的资金，但是会使自身的研发能力下降，而且过度依赖外界，这对于企业的长远发展是非常不利的。因此，为了更好地发展，企业应当有选择地将科研工作外包。

（4）研发外包的管理与收益分配。与过去相比，现在的外包管理模式有了很大的改变。以往的外包仅将一些外围要素外包或仅仅把服务委托给外包服务商。这种外包并不能提高企业的整体业绩，也不会对企业的经营业绩产生实质性的影响。如今，企业通过研发外包与一家或多家公司合作来达到提高业务业绩的目的。在这种外包模式下，企业不会将整个业务交给外包服务商，让其自行运作，而是与其签订合约，然后与其自身的专业技能相结合，极大地提升自身的经营业绩。企业可以利用特定的专业知识、经验、规模经济和其他优势，重新设计整个运作模式，以达到最佳的效益。

目前研发外包的利益分配方式主要有两种：一种是外包服务商获取研发经费与企业雇主的销售业绩捆绑在一起。这种方式便于外包服务参与产业的竞争，但也要承担风险。如果利益没有实现，外包服务商不会因为他们的努力与投入而获得任何报酬，采取这种利益分配方式的企业一般是规模比较大的企业，而且外包服务商和企业之间有比较长期的合作关系。另一种则简单得多，研发外包的方案被一次性买断，新兴规模较小的公司一般都以这种方式为主，这样有助于小公司的资金周转和减少风险。

## 二、技术创新战略联盟

### （一）技术创新战略联盟概述

美国 DEC 公司董事长霍普兰德和管理学家罗杰·奈格尔首先提出了"战略联盟"的概念。战略联盟在实施过程中，无论是在内容上还是在形式上都有不同程度的改变。早期跨国公司的策略联盟，主要针对产品，因此一般称之为"产品联盟"，其目标是降低投资成本，降低投资风险，或者减少竞争对手的威胁。产品联盟相对简单，获得一个特定的产品或对现有的产品进行大范围的销售是所有企业共同努力的目标。随着科技的飞速发展，现代技术的复杂性和综合性使跨国企业的研发工作变得更加困难。

　　技术创新战略联盟是指企业在市场结构、规模、能力等方面发展到一定程度后形成的一种战略合作关系。哈佛大学波特教授、日本竹田志郎等人认为，技术创新战略联盟是一种竞争日益激烈、科技发展速度加快、企业实施国际化战略的必然趋势，是各企业在竞争中形成的具有一定相互依存性的战略伙伴关系。技术创新战略联盟可以使企业最大限度进行技术资源的合理配置与利用，形成优势互补，提高技术竞争能力。比如，如果一家公司正在研发一种高难度、高风险的新产品，并尝试着将其推向市场，那么它的研发就会涉及许多行业，同时在营销、服务等方面也存在着诸多问题。因此，企业可以通过与其他相关企业结成技术创新战略联盟，分工合作，发挥各自的优势，共同实现技术创新的整体战略目标，合作完成新产品的研发和销售，共享收益。技术创新战略联盟的主要合作贯穿技术创新的全过程，涉及新技术和新产品从研发、生产到市场营销等各个方面。

## （二）技术创新战略联盟的特点

　　技术创新战略联盟是对现代企业组织制度的一种创新。目前，网络式组织已成为企业组织发展的一种趋势，技术创新战略联盟也具备网络式组织的某些特点。

### 1. 边界不清

　　与传统企业相比，技术创新战略联盟没有明显的层次和界限。技术创新战略联盟是由多家公司联合起来进行技术研究和产品开发的战略共同体。在联盟中，企业通过市场机制进行资源分配，并通过联盟协议对合作伙伴资源进行整合，使产品从研发到生产、销售都可以突破企业的边界。企业可以把属于其他企业的资源整合到自己的企业中，这些公司就像一个整体，没有空间的限制。同时，技术创新战略联盟也不再局限于生产场地和办公地点，联盟成员的加入和退出也不受组织机构的约束，联盟内部的企业边界十分模糊。

2.宽松的人际关系

技术创新战略联盟是以合同的形式将多个企业联合在一起的，所以企业各方的关系比较宽松，而不像传统的企业以行政手段进行协调。此外，与单纯的市场机制不同，技术创新战略联盟具有市场和行政双重特征，合作主体主要以协商的方式处理各类问题。就时间而言，技术创新战略联盟的存续期通常很短，当结盟开始时，技术创新战略联盟正式成立，工作任务完成后，则解散。

3.灵活性

技术创新战略联盟的主要目的是共同占领市场，合作开发技术，而联盟中的企业并不一定是一个单独的企业，而且联盟成员之间的联系也不是很稳定。在企业发展的需求下，会员结成同盟，以达到特定的目的；当目的达成后，会员就会与其他企业建立新的同盟，以达到自己的目的。战略联盟是一个动态的开放系统。不管双方是否成立合资公司，是否签署了合作协议，双方的合作都局限在一个或多个领域。在这些领域，所有人都是合作伙伴，但在其他方面，他们依然是独立的，甚至可以说是竞争对手。此外，技术创新战略联盟的存在时间也很短，因为合作伙伴的关系较为松散，很容易解散。而当外部环境改变后，技术创新战略联盟无法适应新的情况时也可以快速地解散。

4.有效运行

总体上，技术创新战略联盟的总体优势要比联盟成员的优势总和大。在技术创新战略联盟中，所有的成员都会发挥自己的优势，完成个别公司难以完成的工作。同时，现代信息科技与通信技术的发展，使通信变得更为方便，即便是在很远的地方，企业之间也能快速建立合作关系，共享设计、生产、营销等方面的信息，形成单一厂商所不能比拟的优势。

技术创新联盟所具有的能力并不是联盟成员能力的简单相加，而是一个组织中所有的因素，例如人力、资金、设备等的重新整合，从而让技术水平得到了质的飞跃。企业与同行联盟，可以降低市场需求的不确定性和行业内的竞争压力，从竞争转向合作，与合作伙伴共同面对复杂的市场环境；同时，合作伙伴也可借助联盟扩大产能，拓展销售网络，提升竞争优势。

### （三）技术创新战略联盟的形式

根据不同的分类标准，技术创新战略联盟可分为多种形式。但从联盟各方的联系"纽带"来划分，主要有以下几种。

1.合资企业

合资企业是指由两个或多个企业共同出资、共同承担风险、分享收益而组成的企业，在发展中国家尤为常见。通过合资企业，双方可以将自己最好的资源投入合资企业中，获得单个公司无法实现的利益。合资企业一般采用股份制。一般认为持股 51% 的股东对企业拥有绝对控制权，而持股 49% 则无法在表决权上占优势，持股 50% 则会妨碍决策的达成，并最终导致决策的失败。事实上，51% 的股份能保证大多数人的地位，以及对人事、投资决策的控制权，但无法控制伙伴关系。如果一方要达成其所期望的收益，则必须由各方共同努力，共同承担责任。如果一方掌握了大部分的股份，那么他就会成为决策的制定者，将自己的利益置于对方的利益之上，从而破坏了双方的合作，最终导致结盟的失败。不过也有反例，如麦肯锡咨询公司的一项调查显示，在合资公司中，股权各占 50% 的合作伙伴关系成功概率最高。比如，在由兰克施乐与富士公司共同组建的富士施乐公司中，合作方各分别拥有 50% 的股份，这是一家相当成功的公司，每年的营业额达到 30 亿美元，而且获利十分丰厚。海南新大洲摩托车股份有限公司、日本本田技研工业株式会社有限公司和天津摩托集团有限公司共同组建了新大洲本田摩托有限公司，中日两国企业各拥有50%的股份。这家公司利用了中日两国的技术和市场优势，产品在全球市场上取得了巨大的成功，实现了显著的经济收益。这证明了平等的股份分配能够促进企业的成功和盈利。

2.合同联盟

合同联盟是双方签署合作协议或相互授权而构建的技术创新战略联盟。在技术创新战略联盟中，技术输出并非单向的，而是一种双向或多方向的技术转让，是由联盟各方共同分享的。为了研究新的技术，双方可以签署一份合同，由双方共同出资，设备、技术、人才共同分享。这种方法可以将双方的优点集合起来，从而极大地提高成功的概率。此外，各方共同承担研发成本，可减少个别企业的研发风险。

互动式授权是指合作伙伴将其在特定领域内的技术转让给另一方，以增强其技术创新能力。许可持有者可以利用其他企业的专有技术，从中获取宝贵的知识，进而发展出属于自己的专有技术。许可持有者可以利用商业技术进入更广泛的市场，通过协议控制技术的使用，并推动和强化自己的技术标准。如果一个企业需要获取其他企业的产品和服务，那么许可就是一个很好的方法。而技术许可既是快速扩大技术应用领域的一种行之有效的方法，也是一种利用其他企业的技术提升自己技术实力的途径。

3.生产联盟

生产联盟具体表现为联合生产、产品品牌联盟、供求联盟、生产经营外包等。有些领域的产品，有的时候，单凭一家公司是生产不出来的，比如航天、海洋、钢铁等大型工程，为了保证生产的推进，就必须和其他企业合作。有的时候，为了推广一个牌子，企业也可以与其他企业合作。生产联盟还包含制造商和供应商之间的联盟以及制造商和零售商或者顾客之间的联盟，因为他们提供了质量好、价格低廉、准时交付的零件，从而减少了生产成本，增加了产品的附加值。比如宝洁和沃尔玛之间的销售合作等就具有此类特征。

### （四）企业建立技术创新战略联盟应注意的问题

技术创新战略联盟和其他企业组织一样，有优点，也有局限性，比如控制权的归属问题、诚信合作问题、机会主义行为以及文化冲突等。企业在建立技术创新战略联盟时应注意以下几个问题。

（1）客观分析构建技术创新战略联盟的必要性和可行性。联盟成员既要客观地剖析自己，了解自己的优缺点，又要充分收集信息，尽可能地准确评估外部环境，以便把握市场发展趋势，应用经济规律，结合自身特点，做出正确的决策。

（2）慎重选择合作伙伴。合作伙伴的选择至关重要，直接关系到战略目标的成败。考察合作伙伴应从全方位、多角度进行，知己知彼，不仅要看所选对象的资信、能力等，更要注意两者是否匹配。

（3）建立风险防范系统。建立技术创新战略联盟可使部分市场风险内部化，但由于社会经济生活中存在着诸多的不确定因素，可能会给企业初始战略目标带来或大或小的风险。为了尽可能地减少风险带来的损失，有必要在建立技术创新战略联盟的同时建立风险防范系统。

（4）建立与技术创新战略联盟组织结构相适应的科学管理体系。技术创新战略联盟组织结构具有刚柔相济、以柔为主的特点，保持了稳定性与灵活性之间的对立统一。要使技术创新战略联盟既有大型企业的规模经济优势，又有中小型企业灵活应变的特色，就要克服柔性组织体系管理中"散"的问题（如多方审批等），这就需要建立合理的管理体系来有效管理技术创新战略联盟。

（5）整合并形成新的技术创新战略联盟文化。企业文化作为企业行为的指导思想，应具有统一性。因此，技术创新战略联盟企业应注重文化上的整合，一方面要注重自身文化的开发，另一方面要积极吸收合作方的文化精华，将其注入企业的管理实践中，同时还应培养技术创新战略联盟企业的合作精神，建立合作文化，创造以合作为指导思想的技术创新战略联盟文化。

（6）建立完整的信息沟通网络。技术创新战略联盟企业只有通过积极有效的沟通，尽可能保持本企业发展目标与合作目标的高度一致，才能使技术创新战略联盟对瞬息万变的市场环境做出迅速的反应，充分把握市场机会，实施技术创新战略联盟的任务。

# 第四章
# 企业科技创新的环境

企业创新需要良好的创新环境，企业的发展除了需要依靠技术的推动、资本的运作，更需要各个方面的环境支持，本章就企业创新环境建设所涉及的主要内容进行了详细的分析，并针对我国目前现状提出了建设性建议。

# 第一节　企业科技创新的政策环境

## 一、制定企业科技创新政策的理论依据及原则

企业科技创新政策的理论依据在于创新成果的准公共产品性和创新过程不确定性的统一，是协调创新过程和结果内在矛盾的重要手段。

### （一）创新成果的准公共产品性

根据产品是否具有竞争性和排他性，产品可以分为三种：公共物品、私人物品和准公共物品。公共物品是指完全不具有竞争性和排他性的商品；私有财产是完全具有竞争性和排他性的商品；准公共物品是一种介于私有物品与公共物品之间的商品。创新成果是一种准公共物品，企业进行创新并取得成功后，可以通过专利保护获取其的垄断权。因此，如果其他企业想要利用这项发明，就需要获得该公司的许可。当企业未申请专利而将其作为商业秘密时，其他公司要想模仿，就必须经过一段时间，在此期间企业可以获得额外的垄断利益。被专利或垄断策略保护的专营者能为短期市场的崩溃和长远发展争取到时间和空间。此外，创新公司的垄断也有局限性，如果时间较长，那么竞争对手就有可能复制出

创新技术，这是技术革新的必然结果，原因主要有以下两个。

（1）创新公司仅拥有物质上的创新，而更重要的信息是开放的，任何人都可以使用它进行相似或更深层次的研究。

（2）任何新技术迟早都会被发现，现有的专利体系只能在特定的时间里保护发明者的独占权利。另外，科技人员在行业中的职业转换也会使之前所在企业的技术知识流失。尽管私人的创新成果最终成为公共财产，有利于提高社会福利，但对某一些特定公司来说，当它的研发成果转移给竞争者，或使消费者获得了巨大的利益，那么其参与这项研究的动力就会减弱，尤其是一般技术的研究。因此，创新成果的准公共物品性需要在私人领域和公共领域找到一个合理的平衡，既维持充足的私人产品属性以激励创新，又维持充分的公有产品属性，以推动创新成果的广泛使用，从而加速经济的发展。

### （二）创新过程的不确定性

创新作为一个非常复杂的过程，其间涉及不同利益主体的相互作用，在每一个环节上都充满不确定性，因此创新过程具有不确定性。创新过程的不确定性主要表现在以下两个方面。

#### 1.不确定的市场因素

任何创新的最终结果都要经过市场的检验，而技术创新也要恰当地表现和反应市场需求。市场上的不确定因素对技术创新的进程起着决定性的作用。一方面，在新技术产生之初，企业需要将大量的资金投入消费者教育、员工培训等领域；另一方面，创新公司对产品是否能被市场接受也不是很有把握，创新产品对目前的市场格局和经济发展的影响也很难确定，可见创新产品的市场前景是不确定的。因此，企业针对创新产品建立生产线、培训员工、进行产品营销等是非常困难的，在消费者教育等领域，也存在着很大的风险。

### 2.技术不确定性

技术不确定性，是指技术的发展方向、速度以及所能取得的成果均具有不确定性。新技术在初始阶段是非常不完美的，以现有技术和知识能否迅速改进和发展新技术多久才能获得成功，创新企业是无法确定的。此外，新技术的发展前景不明朗，创新企业在技术创新过程中也会遇到技术风险，而创新方向的不确定性对技术创新过程的影响最大。比如19世纪50年代，飞机专家对于首代飞机引擎是否使用涡轮推进器和涡轮喷射器有不同意见；在晶体管问世之后，电脑设计者也在争论什么时候可以生产晶体管电脑。在国外，几乎所有的个案研究都显示，科技发展过程中存在着大量的不确定因素，无论个人或团体在搜寻新的产品时，都无法清楚而精确地知道最后的结果。设计架构和解决办法都是为了达成目的而制定的，而这些探索的最后成败只有在完成之后才能知道。

### 3.不确定的创新收入分配

创新产品的准公共物品性意味着创新企业并不能完全占有所有的创新收益。对于一个创新企业来说，其所获得收益的多少、其溢出程度均不能确定。创新企业的市场地位、所在行业的市场结构、技术的领先水平是影响创新企业创新收入的重要因素。因此，创新的未来也充满了不确定性。

### 4.环境方面的不确定性

技术创新的主体是企业，而企业总是处在某一特定的社会、政治、经济环境中，制度环境不可避免地会对技术创新的发展速度、方向以及最终的结果产生影响。因此，创新产品何时、何地以及以何种价格和规模进入市场并非完全由技术或者市场决定，而是由技术、市场、制度环境共同决定的。在这些制度环境中，对创新影响最大的是政府行为和公众偏好，而政府行为和公众偏好都存在极大的不确定性。例如在近年的石油价格飙升中，我国政府一方面采取了一些措施以限制石油的消费，另一方面开发节能技术，开发煤变油、生物柴油、太阳能、风能等新能源。受其影响，汽车工业被迫做出一些调整，其创新的发展方向转向开发轻型低耗的节能型汽车，新能源工业随之迅速发展起来，政府行为对企业创新的影响可见一斑。这种由于外部环境的变化而引发的创新过程中的不确定性也较为明显。

### （三）制定企业科技创新政策的原则

政府制定企业科技创新政策应遵循以下原则。

#### 1.提高企业创新的边际效益，减少其不确定因素

创新成果的准公共产品性与其不确定性的内在矛盾是制约创新发展的根本因素，而政府的角色应从这两个矛盾入手，为其创造条件。一方面，由于其具有准公共物品的特性，在市场机制的自发影响下，企业所能供给的创新数量不是最优的，政府可以通过提高私营企业的边际创新或期望边际利润来刺激创新，以确保更多的创新活动得以开展，提高社会福利；另一方面，政府应从整个社会的角度考虑，尽可能地创造有利条件减少创新过程中的不确定性，为创新创业创造有利的外部条件与环境，提升企业创新能力，提升科技创新的成功率。不管是出于鼓励还是培养，政府的核心是效率。而政府创新政策的效果则与政策杠杆效应或乘数效应有关，这涉及政府创新政策的干预成本，其中包含直接费用和社会间接费用。因此，有效地提高创新企业的创新边际效益，减少其不确定性，是政府制定创新政策的重要依据。

#### 2.加强对创新政策的调控，推动科技创新资源的优化配置

目前，我国应该加强对创新的调控，充分调动全社会的力量，更加合理地分配科技资源，加快工业结构合理化和高级化，力争在短期内实现经济发展模式的转变。

#### 3.采取间接指导为主、直接干预为辅的方针

政府制定的政策必须以市场机制为导向。在市场经济条件下，技术创新的主体是企业而非政府，政府主要通过间接的方式来引导和营造有

利于企业创新的外部环境。而对于重点科技研发项目，如可推动未来社会发展的重大技术、基础研究等，政府需要直接干预，以实现重大技术突破。

4.坚持自主与引进相结合的创新战略方针

技术创新分为三种：自主创新、模仿创新和合作创新。我国的创新政策一是鼓励企业引进国外的先进技术，二是借鉴，同时要加强基础科研的投资力度，鼓励企业进行自主创新。

## 二、促进企业科技创新的主要政策

公共采购是政府为促进科技创新而推出的主要政策，它是指政府或其代理人以消费者身份为自身消费和提供公共服务而进行的一种采购活动，它必须按一定的程序或规定进行操作，比如公开招标、公平竞争或财政部门直接向供应商付款等，要体现公开、公平、公正的原则，并接受公共部门的监督。采购范围可以是商品，也可以是工程或者服务，采购方式包括预付定购金，以略高于成本和进口货的价格收购等。除此之外，政府还通过财政政策、知识产权政策等为企业科技创新提供各种支持和扶持。

### （一）公共采购

政府可以帮助企业降低在未来面临的市场风险和不确定因素，可以为创新企业创造一个稳定的、可预测的市场，从而极大地激发企业的创新精神。

一般来说，公共采购对企业的创新行为有三种作用。

（1）市场是由政府购买形成的。

（2）政府采购在需求方面具有牵引创新的效果。供应商实施技术改革的主动性和创造性，在政府对供应商的绩效效益的要求下才能发挥作用。

（3）政府市场可以作为创新产品的试验场，而政府使用者作为特定的使用者，其购买行为也为制定和修订相关规范提供了便利。

公共采购主要发生在产品和产业的早期阶段。在某些新兴行业的发展历程中，公共采购对创新的影响要远远大于政府为研发提供资金支持，特别是以新技术为基础成立时间较短的小型公司，公共采购为其创造了一个风险较小的市场，加速了它们的发展。

政府购买行为的效用与市场结构相关，而从购买者角度看，政府在特定行业中的市场地位决定了其对特定行业的创新能力。当政府处于垄断状态时，它可以有力地激励或限制供应商的技术变革能力；政府在采购中占有绝对优势的情况下，也有可能推动供应商的革新。但是，在一个多元化市场中，政府购买行为的效用与其在市场中的比例是成正比的，而对创新的作用则相对有限。从卖方角度看，供应的市场结构也制约了公共采购政策的实施，如果卖家是一个垄断供货商，那么它和政府的关系就会变得很危险，竞争创新压力也会变得很大。

## （二）财政政策

财政政策是指以政府预算为基础，以财政支出和税收为手段，对总需求进行调控，以实现经济运行的稳定。提高政府的开支，会促进总的需求，提高国家的收入，反过来，会抑制总的需求，降低国家的收入。税收是国家财政收入的一种收缩性力量，所以提高政府的税收收入，会抑制市场的总需求。如果这样，国民收入就会下降。

我国政府关于企业创新的财政激励政策，大致可划分为科研开发性补助与税收优惠两种类型。创新成果具有准公共物品性质，所以它的私人创新边际收益要比社会创新的边际收益低，这就造成了民营企业缺乏社会创新资源，而不情愿创新。为了解决这个问题，政府必须采取激励措施，即以提高民营企业的创新边际利润为主要目的，通过对民营企业的直接补助和间接的税收奖励来促进其创新，这样才能最大限度地优化民营企业的创新资源。此外，对资金短缺的企业而言，政府的财政补助或税收激励可以直接促进企业的现金流，并在一定程度上增强企业的创新能力。这两种方式之间存在着一定的差异。

（1）财政补助是直接的，而税收优惠则是间接的。

（2）金融支持有选择性，有具体的目标，而税收优惠是普惠的，具有普遍性。

（3）财政补助以科研院所、高等院校为主要对象，税收优惠以企业为主要对象。

（4）财政补助具有更强的激励作用，而税收优惠是一种鼓励研发的手段，税收优惠的作用要比财政补助小。允许私人企业拥有自己的决策权力，税收优惠要求更低，批准级别也更低，税收优惠比财政补助更有可预测性，而且在政治上也很灵活。因此，税收优惠是一种普惠的、不会对市场进行干涉的制度，更具有公平性、吸引力。

为了减轻企业的税费负担，提高企业自主创新的积极性，2006年，国务院颁布了《实施〈国家中长期科学和技术发展规划纲要（2006—2020年）〉的若干配套政策》（以下简称《配套政策》），并从以下五个方面进行鼓励。

1. 鼓励企业增加研发资金用于自主创新

企业可以按照当年技术研发支出的15%扣除当年的应税所得，当年扣除的不足部分，可以按照税法规定在5年内结转抵扣。这项规定打破了过去三项限制，即每年10%的增长，不能跨年度结转，以及仅对工业企业使用，有利于公司利润增长的税收优惠，形成积极的激励机制。鼓励企业大力增加研究和开发的资金。

2. 鼓励企业加大对员工的教育投资

企业从单位缴存的教育资金中提取的，不超过2.5%，可以在企业所得税税前扣除，也就是说从以往1.5%的基础上增加了1个百分点。这一比例的提高有助于降低企业的教育经费支出对公司利润的影响，从而促使公司加大人力资本投入。

3. 鼓励各公司增加对科研和仪器设备的投资

单位价值低于 30 万元的科研仪器、设备，可以一次性或分期计入成本费用。这一优惠有利于降低当年的应税收入，提高企业的利润。

4. 降低高科技公司税收负担

新设立的高新技术企业，经过严格的认定，从盈利年度开始，两年内可以免税，要进一步健全促进高新技术产品的出口退税政策，要健全高新技术企业的所得税税前扣除制度。这些税收优惠措施，可以降低高新技术企业的税负。

5. 推出针对进口设备和原料的税收优惠

企业的自主创新能力一定程度上取决于科研水平和技术开发条件。为激励企业通过引进国际先进的仪器设备改善创新条件，《配套政策》规定，对符合国家规定条件的企业技术中心、国家工程（技术研究）中心等进口规定范围内的科学研究和技术开发用品，以及承担国家重大科技专项等的企业进口国内不能生产的关键设备、原材料及零部件，免征进口关税和进口环节增值税。

### （三）知识产权政策

知识产权政策是一系列旨在保护创作者、发明者和创新者知识产权的法律、规定和措施。知识产权包括诸如专利、商标、著作权和商业秘密等多种形式，以保护各种知识、技术和创新产物。知识产权政策的主要目的是激励创新、促进经济发展和保护创作者的权益。

专利是一种发明者在一定时期内（通常为 20 年）对其发明享有的独占实施的权利。专利分为三类：发明专利、实用新型专利和外观设计专利。专利保护的前提是发明必须是新颖的、具有创造性和实用性。

商标是用于识别和区分商品或服务来源的标志，包括文字、图形、字母、数字、三维标志和颜色组合等。商标注册后，商标所有者拥有独家使用权，可以防止他人未经许可使用相同或类似的商标。

著作权用来保护原创作品，涵盖文学、艺术、音乐、电影、软件等领域。著作权包括复制权、发行权、出租权、表演权、展览权、放映权、广播权、信息网络传播权等。

商业秘密是指在商业活动中具有经济价值的、未公开的技术信息和经营信息。企业可以通过保密协议、保密措施等方式保护商业秘密。

政府在制定和实施知识产权政策时需要在保护创作者权益和促进公共利益之间取得平衡。过度保护知识产权可能会限制信息的传播和技术的发展，而保护不足则可能削弱创新激励。政府还应确保创作者、发明者和企业在市场中的公平竞争，防止滥用知识产权来实现垄断或不正当竞争。鼓励技术转让和知识共享，促进国际合作和技术创新。

随着科技和社会的发展，政府还应适时对知识产权政策进行调整和完善，以适应新的技术和市场环境，鼓励绿色发展和环保创新，支持清洁技术、可再生能源等领域的研发和应用。

## 三、完善企业科技创新政策

### （一）加强政府采购，推动企业自主创新

在推动技术创新、产品创新、产业结构优化等方面，政府采购政策已成为国际上较为通行的做法。我国借鉴国外经验并结合国内实际情况，制定了若干原则性的法规。为使政府扩大采购范围，《配套政策》制定了下列政策。

1. 自主创新的财政拨款体制

实施自主创新产品的认定，在自主创新领域内，对自主创新产品进行动态管理。认定不仅为政府采购提供了创新的市场条件，也为企业设置了进入壁垒，对企业的自主创新起到了积极的推动作用。另外，动态目录管理系统还能给目录内的企业带来一定的竞争压力，从而推动后续

的创新活动，并为目录以外的企业创造了一个竞争的机遇。

2.对自主研发的产品给予优待

《配套政策》对自主创新产品的优惠有三个：一是在满足采购需求的前提下，按照技术含量、市场竞争程度等因素，对自主创新产品进行适当的价格扣除。自主创新产品企业的报价不超过排序第一的一般产品企业报价一定比例的，将优先获得采购合同。二是对以综合评标为主的投标项目，应增加自主创新评分因素，并适当设定得分比例。三是对技术含量较高、技术规格和价格不确定的服务项目，可以通过政府财政部门批准后，采用竞争性谈判采购方式，与具有自主创新能力的企业签订合同。自主创新企业在市场竞争中得到了政府的保护。

3.国家重点项目须按一定比例采用国内设备

《配套政策》明确提出，国家和地方政府出资的重大项目，购置国内设备的比例不得低于60%。未按照规定购买自主创新产品的，财政部门不予支付资金。

4.政府首次购买的系统

企业把自己的技术成果转化为新的产品后，由于产品没有实际的应用效果而无法打开市场，也会由于没有经过市场的磨炼未被进一步改进而遇到发展麻烦。《配套政策》为使自主创新产品迅速被商用、取得较好的销售业绩，设立了政府采购机制，对我国企业、科研单位研制或研发的试验产品，经认定后，由政府进行首购，由买方直接购买或政府出资。首次采购制度的实施，将会解决企业在自主创新中的首次销售问题，为新产品的产业化提供有利的条件。

5.政府采购订单

对重大创新产品或技术，政府以采购招标的形式，在全社会范围内确定研发单位，并与之签署政府采购合同，并建立与之相适应的考核验收与研发成果推广机制。企业通过参加政府采购投标，获取政府采购订单。

6. 对外国采购的审查系统

买方所需的商品在中国不能获得，或不能以合理的商业条件获得（在中国境外使用除外），必须在采购活动开始之前，经有关部门的确认并出具相关证明。在采购国外产品时，要遵循有利于企业自主创新、消化吸收核心技术的方针，优先购买向买方转让技术的产品。这项法规提高了政府购买国外商品的门槛，降低了贸易费用，促进了对国内创新产品的需求的增长。

7. 以自主研发的国产产品和技术为基础的国防采购

由于国防采购关系到国家的安全，因此国防采购应优先采购国内创新产品，这为企业的自主创新产品创造了更广阔的市场空间。

## （二）充分发挥金融政策对企业自主创新的促进作用

政府可以对企业的自主创新行为给予财政补助。《配套政策》为鼓励企业自主创新，围绕财政补助建立了四项制度。

（1）改革投资体制，统筹财政，加强鼓励、扶持科技企业进行技术创新。

（2）鼓励和扶持大型骨干企业在竞争中进行关键技术、重点设备研发，建设具有国际领先水平的技术创新平台。

（3）强化企业技术创新服务系统的建立。

（4）在中小企业方面，增加了技术创新资金等方面的投入，促进其自主创新。

## （三）落实加强企业创新保护的知识产权政策

目前，我国对专利技术、知识产权的保护日益加强，《配套政策》为加强对知识产权的保护，制定了如下措施。

1. 在核心技术及关键产品上拥有一定的知识产权

《配套政策》明确提出，要根据产业、领域的特点，制定并定期公布应当具有自主知识产权的技术和产品目录，并在国家科技计划和建设投资中给予重点扶持；在专利申请、标准制定、国际贸易与合作等领域，为目录内的技术和产品提供支持；建设国家知识产权信息服务平台，提供知识产权信息服务，进行知识产权信息加工与策略分析。对国家来说，该措施有利于培育和发展一批具有自主知识产权、知名品牌、国际竞争力的龙头企业。

2. 为企业参与制定国际标准提供帮助

第一，国家重点项目为重点技术标准研究提供支撑，指导产学研合作开发技术规范。第二，加强对行业协会等制定重大技术标准的指导和协调。第三，鼓励各公司自主制定、参与制定国际技术标准，促进我国技术标准走向世界。第四，国家设立标准服务平台，扶持企业再创新，推动以我国为主形成技术标准。

3. 对知识产权的有效保护

《配套政策》从加强执法力度、给予经费补助、防止知识产权的损失三个方面着手，制定了如下措施：第一，建立和完善知识产权保护制度，加大执法力度，营造尊重和保护知识产权的法治环境。第二，科学技术计划、各种创新资金资助的项目，在境外获得自主知识产权所需的经费，经批准后，按照有关规定给予相应的补贴，以减轻其财务负担。第三，对涉及国家利益并具有重要自主知识产权的企业并购、技术出口等活动进行监督，采取有效措施，防止知识产权外溢，损害国家安全，防范滥用知识产权对创新产生不利影响。

4. 缩短对发明专利的审查周期

目前，从申请专利到获得授权，企业大约要花 4 年的时间。由于申请周期过长，发明专利外泄、被其他公司仿造的风险很大。因此，《配套政策》规定改革创新发明专利审查方式，提高工作效率，缩短审批时间。该举措为企业申请发明专利提供了便利。

5.在国外设立技术性贸易措施预警机制

《配套政策》为支持企业拓展国际市场、促进自主创新产品的出口提供了两条途径：第一，政府相关部门要建立健全通报协调机制、快速反应机制、研究评价机制。第二，要加强政府部门、行业协会、地方、企业的合作，建立技术预警机制，及时跟踪技术出口国家的技术、标准、合格评定程序和检验检疫要求的变化，并对出口可能遇到的技术性贸易措施进行实时监测和发布预警。

# 第二节　企业科技创新的人才环境

## 一、人才环境对科技创新的影响

企业创新需要创新型的人才，创新环境为企业创新提供的各类资源中，创新人才是核心资源。

人力资源主要包括企业家群体和创新各环节所需的专门人才，它构成了企业创新系统的人力资源环境。企业创新作为一种包含诸多运行环节的活动，其全过程的顺利展开和成功实现必须通过人的活动或行动才能完成，其每个环节的创新运行质量和速度都取决于从事该环节工作的人才素质、创造能力和管理能力。企业家群体是企业创新的启动者、协调管理者和风险承担者，而企业创新各环节所需的专门人才是企业创新正常运行和顺利实现的保证。因此，如果企业创新系统不能同人力资源环境发生畅通的交换和互动，企业创新所需的企业家和各类专门技术人才就会匮乏和枯竭，从而导致企业创新行动受限。

## 二、企业科技创新人才环境改革措施

国内外的经验表明，培养和吸引各种创新人才有助于提高企业的创新能力。要促进科技创新，必须以"以人才为本"的理念进行决策。

### （一）制定全面的人才培养计划

按照经济发展阶段、经济发展的优先顺序，制定国家层次的人才发展战略。随着自主创新对经济竞争力的影响越来越大，国家在优化人才资源的条件下，应当着重加强这方面的研究。

### （二）要建立人尽其才的制度

建立人尽其才制度应从以下几个方面入手：第一，实施人力资本投资策略，增加教育投入，完善国民教育制度，重视能力与素质教育。第二，建设学习型社会，加快国家由人口大国向人才强国迈进。第三，要加快推进人事制度的改革，建立以市场为主导的人力资源配置体系。第四，要提高人力资本的配置比例，健全人才的激励和竞争机制，以最大限度地激发人才的积极性、主动性和创造力。

### （三）要积极引进国际人才

第一，要构建全球人才信息网，构建人才储备体系。及时搜集世界各地的人才资料，对世界各地的人才动向和政策进行分析，并据此制定相应的人才引进政策。第二，要采取各种方式，在重大岗位上公开招募世界一流的人才，通过科技项目、人才计划等方式吸引人才。

## 三、完善企业科技创新人才资源环境

### （一）增加对人才的投资

教育投资是一种重要的投资方式。我国应把人才投入作为重点，将其在国民生产总值中的比例逐渐提高。政府财政资源有限，无法在短时间内筹集足够的资金用于教育事业，为此可以采取国家、企业和个人多种投资方式，以激发各方的积极性，扩大资金来源。

## （二）推动教育制度建设，提高学生的创新能力

教育制度的变革，应从转变教育理念入手，以全面提高大学生的综合素质为主要目的。创意技巧很重要，但是创意意识更重要。

创新精神与个人人格之间存在着紧密的关系，因此在当前的素质教育中，充分尊重和发挥学生的创造性，是素质教育的首要任务。

## （三）合理配置人才资源

首先，在公开、平等、竞争的原则下，人才流动有序、合理。其次，要从规范人才市场的运作机制入手，强化对中介组织的管理，完善相关的法律法规，确保人才市场运作良好。另外，要从根本上改变单位所有权和部门所有的概念，强化对"人才"的管理与利用。

## （四）完善人才开发服务体系

人才资源开发需要社会化服务体系，包括人事代理、人才测评、人事档案管理、组织培训、智力开发等。社会化服务体系对保证人才资源开发市场的有效运作有重要意义。它能提供人才供需信息，协调开发机构包括大学、企业间人才开发的关系。评估各类开发机构的水平。社会化服务体系的另一重要意义是使政府从大量的行政事务中摆脱出来，真正成为人才开发的指导者和调控者。政府在人才开发管理上重在宏观管理，有关部门应根据政府发展目标及时对人力资源进行分析、预测，并做出超前的开发计划以及提出相应的供需调节措施，最大限度地减少人力资源的浪费。

## （五）加强高素质人才队伍建设

影响企业创新的重要因素是缺乏高素质人才，对人才创造性劳动缺乏应有的尊重。加强人才队伍建设，就是要重视人才培养，建立健全有

利于人才将其潜能尽可能释放出来的体制。为促进企业创新，《配套政策》采取了 6 个措施，来解决企业自主创新中高素质人才缺乏问题。

1. 加速培育高水平的创造性人才

高水平的人才或领导型人才能够推动一个企业、一个行业、一个技术领域的跨越。企业创新，就是要有一群高水平的人才。《配套政策》指出，要加快培养高层次人才，必须在涉及国家核心竞争力和安全的重大战略科技领域开展高技术基础研究、社会公益研究等，重点培养造就一批创新能力强的高水平学科带头人，形成具有中国特色的优秀创新人才队伍。

2. 强化与项目相结合的创新型人才培养

企业创新不仅要有良好的组织架构，更要有高水平的创新型人才。制定人才培养方案，实施国家重点工程、重点科技计划项目，重视并做好有关创新人才培养工作；在国家科学技术计划项目的评审、验收，国家重点实验室评审，科研基地建设综合评估中，把培养创新型人才作为主要考核指标。

3. 为企业培育和吸纳创新型人才提供帮助

企业是创新的主体，是集聚领军人才、创新人才的重要平台。为了扶持企业发展和引进创新型人才，首先要改革和健全企业股权分配与激励机制，鼓励企业引进高层次的技术人员，鼓励国有高新技术企业对技术骨干、管理骨干实行股票期权等激励政策。其次推动企业与高校、科研机构加强人才交流，比如在高校、科研机构中设置面向企业创新人才的客座研究员岗位，选聘企业高级专家担任兼职教授或研究员，指导和管理高校、科研机构的科技人员到企业兼职；支持企业为高校和职业院校建立学生实习、实训基地。再次，推进企业博士后科研工作，引进优秀博士到企业开展科技创新活动。最后，高校毕业生的就业和对优秀人才的引进不受户籍的限制。此外，还应强化国有企业领导责任，把科技创新投资与创新能力建设纳入绩效考评体系。

4.引进杰出的海外人才

为了保障海外人才的自由进出，降低企业对外籍人员的准入门槛，《配套政策》有以下规定：第一，外籍人员回国工作不受用人单位增聘指标和工资总额的限制。第二，适当放宽外国优秀技术人员在华工作许可和在华永久居住的条件，在有效居留期间，可以多次办理入境有效签证。第三，制定有关措施，确保在中国拥有长期居住资格的外籍高层次人才的合法权益。第四，要妥善处理好国外优秀人才的医疗保险、配偶就业、子女上学等方面的问题。

5.科研机构人员管理体制的改革与完善

当前，我国事业单位和企业的养老保障体系对科技人才的流动有一定的限制，因此，《配套政策》建议，要大力推进事业单位的养老保险体制改革，健全科技人才向企业转移的社会保险制度。

6.建立评价和奖惩机制，鼓励自主创新

为鼓励具有真才实学的人才进行自主创新，应建立与其自身特点相适应的多元评估机制，为科研、科研管理和技术支持提供依据。对不同领域、不同类型的人才进行分级管理，建立不同领域、不同类型人才的考核机制，并对考核指标、考核内容进行界定。同时，要加强科技诚信建设，健全科技诚信体系。

# 第三节　企业科技创新的知识环境

企业创新对知识有较大的需求，要求有良好的知识环境，不仅要求社会供给大量的创新知识，还要求创新知识能够快速转移。因此，知识环境的优劣不仅取决于知识的供给量，还取决于知识的加工、处理、传播等环节的效率。

## 一、企业科技创新的知识系统

企业必须从外界引入新知识才能启动创新，企业在创新过程中又必须不断地与外界进行知识交换。在创新中，企业不仅是知识的需求方，也是知识的供给方，在知识的供求中实现知识的交流、交换，在交流、交换中实现知识创新，产生新的知识。

不同的社会机构可以为企业创新提供所需要的知识，从而构成企业科技创新知识环境（表4-1）。

表4-1　企业科技创新知识环境的组成部分

| 项　目 | 内　容 |
|---|---|
| 其他企业 | 与企业进行技术转让与合作 |
| 公共科研机构 | 包括国家科研机构、地方科研机构。国家科研机构以知识生产为主，同时进行知识传播和知识转移；地方科研机构主要从事与科技创新转移相关工作 |
| 高等院校 | 高校以知识传播和高素质人才培养为主，同时进行知识生产（研究型大学）和知识的转移 |
| 政府 | 政府实施宏观调控，为知识生产、传播与转移创造良好环境和条件 |
| 其他机构和个人 | 为知识流动提供社会服务和智力支持 |

创新系统与知识环境之间的知识流动有企业间的知识流动、企业与大学和科研机构间的知识流动、知识和技术的扩散以及人员流动等。

## 二、搭建技术平台，为企业科技创新服务

首先，依托现有社会科技资源，在产业集群或中小企业集中的区域建立技术平台，投资少、见效快，是支持具有创新活力的中小企业技术创新的重要途径，也为公共财政支持中小企业创新发展提供宝贵的实践经验。其中，最重要的在于积极探索技术平台的建设模式，通过政策引导、经验交流、培育支持等措施，形成政府出资兴建、龙头企业改建、

行业协会主办、骨干企业联办、有关机构联合兴办等不同模式，力求为产业集群或一批中小企业提供技术支持和服务，增强辐射性，使公益性与市场化相结合，形成良性循环、自我发展的运行机制。

其次，支持和规范技术平台建设。在技术平台建设过程中，依托科研院所、大专院校、企业技术中心、行业检测中心、工程中心、中试基地等科技资源，以挂牌支持、资金扶持的方式，引导他们开放研发试验的设施、设备，根据中小企业的技术需求，开展形式多样的技术服务。

## 三、加强行业关键技术和共性技术的攻关

在科学研究与技术开发上需要大力加强共性技术攻关研究，促进知识资源共享，提升我国整体的技术水平。

### （一）加强行业关键技术攻关

确定关键技术一般遵循三个原则：第一，政策相关性，即所选技术的研究开发、商品化、扩散及应用受政策影响；第二，不具包容性，这是区分关键技术和非关键技术的核心要素；第三，有可操作性强的方法。符合上述三项原则，关键性技术的定义有两种：一是具有先导性特征的技术可作为关键技术。所谓先导性不是从技术本身考虑的，技术只是整个系统中的一个组成部分，可使系统具有活力。二是具有通用性和预竞争性特征的技术可作为关键技术。通用性是指一项技术在开发初期预期会有多种用途。预竞争性是指这项技术的开发预期会产生广泛的回报。这一定义不是将技术与任何特定的产品用途绑在一起，而是提出了两种技术并加以区别对待，即具有广泛用途的技术和具有特定用途的技术。

一般来说，新技术的基本创新源主要是高校，但政府、学术界和产业界都要积极地参与创造技术的过程。其中，大学的职责在于长期进行创造性的高风险研究；政府为企业、高校和科研机构的风险研究提供资金；风险资本向创造性的风险企业提供风险资本；小企业产生大量的创

新技术和产品；大、中型企业进行大量实用研究和产品开发。

对于政府来说，其责任在于大力支持技术创新并创造良好的创新环境。除提供资金直接支持外，政府在关键技术研发中还应做出以下努力。

1.舆论引导

在关键技术领域，政府担任引导角色，以使公众认识到科技在促进经济繁荣、保障安全和公共卫生方面的重要性。政府应组织科学家、工程师、企业家，引导大众对重要的政策问题进行讨论，这样才能确定正确的方向和重点。

2.积极协调

因其自身的竞争问题，工业领域在关键研发项目上的投入不足，从而影响到各企业之间的协作，降低行业共同解决问题的机会。所以，政府要发挥协调作用，将各个产业中的分散力量整合起来。与此同时，政府也应该为解决这些产业所关注的问题铺平道路。例如，由政府主办的论坛，可以推动业界的交流，为探讨业界所关注的议题，以及制定行业技术标准等提供平台。政府角色的价值体现在竞争的前期，它是以政府的行动将潜在的竞争对手组织成联盟，以解决重复投资的问题，避免社会资源的浪费。

3.提供基础支持

政府制定各种目标，并在各产业层面上采取措施，以应对各种产业所面对的问题。打好科技基础，加强基础教育，加强基础研究，为产业的核心技术创新打下基础。

4.创造有利环境

通过保护知识产权、制定法制法规和规章制度，降低对研究和开发投资不利的诉讼。通过加速折旧法、低息贷款、提供培训资金等措施，为高技术资本投资创造有利条件。

### （二）加强共性技术攻关

共性技术是指在多个行业或领域广泛应用的技术。共性技术是一种介于基础技术与应用技术之间的技术，是一种技术产品商品化的技术基础。比如，变频技术是一种利用电流变换来调节电机工作频率的技术，它具有效率高、节能、稳定等特点，被广泛地用于机电领域。IC 设计技术是信息工业发展的根本。由于共性技术具有高风险、社会效益性、公共性等特点，中小企业往往不愿参与共性技术的研发。

此外，共性技术研发需要高成本的专用设备，这对于规模小、资金紧张的企业而言是一个很大的挑战。许多科研机构、高等院校花费巨资购置了大型仪器设备，但在建设完成后，由于设备闲置，造成了严重的浪费，无法进行有效的利用。《配套政策》从以下几个方面入手，以推动科技资源的分享，开展共性技术攻关，减少企业的自主创新成本。

1. 加强实验基地、基础设施和条件平台建设

以企业技术中心、研发中心为依托，组织实施重大自主创新项目，以吸引和聚集高层次人才，促进项目、基地和人才的有机结合。重点建设一批大型科学仪器设备共享平台，共享自然科技资源，共享科学信息，共享科学数据，共享科技文献等。搭建成果转化公共服务平台，营造互联网技术环境等，从整体上加强对自主创新的支持。

2. 加强企业自主创新基地建设

政府扶持企业，尤其是大型企业设立研发机构，并以大型企业为依托，整合高校、科研机构等有关部门，进行竞争前技术、前沿技术研究。

3. 加强国家高新技术产业开发区建设

加强国家高新技术产业开发区建设，使其成为高新技术企业"走出去"参与国际竞争的服务平台，成为抢占世界高技术产业制高点的前沿阵地。

4. 推进科技创新基地与条件平台的开放共享

建立和完善国家科研基地和科研基础设施，向企业和社会开放，建立共享机制，并把面向企业提供服务作为考核其运行绩效的重要指标。

## 四、加强科学技术知识的普及

知识的供给和流通都依赖于人类的科技素养。要使知识环境得到优化，就必须加强人的科技素养。科学普及是指科学知识、科学方法、科学思想、科学精神的传播。《中华人民共和国科学技术普及法》对各种组织承担的科普责任做出了规定。

（1）各类学校和教育单位要把科学普及作为素质教育的一项重要内容，组织学生参加各种形式的科学普及活动。

（2）各级科研院所对科技人员、教师、科研人员进行科普活动的组织和扶持，要充分利用自己的专业特长，积极参加和支持科普活动。

（3）新闻出版、广播、影视、文化等机构和组织要充分利用自身的优势，做好科学普及工作。

（4）医疗卫生、计划生育和环境保护、国土资源、体育、气象、地震、文物、旅游等国家机关、事业单位要根据自己的工作，开展科学普及教育。

（5）在技术革新、员工技术培训等方面，企业要积极开展科普工作，并在具备条件的情况下，建立科普场所，面向社会公开。

（6）各乡镇、社区要充分发挥自身的优势，结合具体情况，积极开展科学普及工作。

（7）公园、商场、机场、车站、码头等公共场所，要加强对其管辖区域的科普工作。

通过对上述社会各个主体的科普行为进行规范，使科普走进农村、走进企业、走进社区、走进家庭，让科普更加贴近生活、贴近大众，使其对经济、社会的发展具有推动作用，同时也为企业的创新创造了有利的条件。

# 第四节　企业科技创新中介服务环境

随着市场经济的不断发展，企业要想在市场的长期竞争中存活，就必须不断提高创新的速度和质量。由于企业的创新具有高风险、高投入和复杂化的特征，因此单一的创新主体很难进行重大的创新。要实现重大的创新，企业就需要主动地进行开放，充分发挥外部资源，实现优势互补，集成创新。创新活动中各类创新资源、各创新部门之间的协同作用，体现在创新资源的整合上，创新方式由单一的线性创新发展为多元化的复合型创新。创新资源和创新主体之间的协作关系是一种选择和被选择的关系。要在广阔的市场中独立地进行搜索、选择和识别创新工作，不仅工作量大、成本高、风险大，还不能适应高层次的社会化分工。企业在创新过程中遇到瓶颈或缺乏资源时，可通过中介机构寻求技术、信息和物质资源。社会分工的这种优势，可以大大减少企业的经营成本和风险。在全国范围内，企业、科研机构、高校、政府等不同的行为主体，根据自身的利益诉求，贡献出自己的创新资源与能力，实现协同创新，而中介组织则发挥着沟通、协调、连接的作用，可以大大促进创新资源的流动，提高创新的配置效率。

创新体系中的中介服务环境是指为企业提供创新服务的组织和活动。加强科技创新中介服务环境建设应从以下几个方面着手。

（1）要充分利用和完善科技服务、技术评估、技术经纪、信息咨询等服务功能，以真正推动企业的创新。

（2）要充分利用信息网络的优势，建立面向企业的创新信息网络，定期收集各高校、科研机构的科技成果、人才信息，为企业的创新提供配对服务，尤其要做好高校、科研机构与企业的信息沟通、项目中介、咨询服务等工作。例如，美国德州大学科技园拥有与企业网、商业网、金融网相连接的信息网，能够为企业提供海量的资讯和快速的服务，极大地提高了企业的创新成功率。

（3）要大力培育和发展各种技术要素市场，为企业提供充分的交流和服务平台，建立以专业服务中介机构为主体的、服务社会化的知识传播和技术扩散体系。

（4）要进一步健全评价机制，强化对成果的认定与管理，按照国家制定的评价标准和方法，客观、公正、科学地评价科技成果，对技术先进、市场前景广阔、效益好的成果，优先推动其转化。

（5）设立创新中心、企业孵化器、大学科技园等服务机构，从高校、科研机构中挑选具有一定市场潜力的项目，从种子早期就有意识地开展孵化、培育，并将其转移到企业。

（6）要健全中介服务制度，使其在每个创新环节都能得到相应的服务，同时还要注重对创业者的培养，形成一个相对完整的创新链条。

技术市场、高新技术开发区及孵化器的建设是科技创新中介服务环境建设中的重要工作内容。

## 一、加强技术市场的建设

技术市场对科技资源的配置具有基本的调控功能。知识产权、信息和人力资源市场构成了一个完整的市场体系。一个国家或区域的要素市场发展水平，决定着其市场经济的成熟和市场机制的完善程度。

技术市场是市场系统的重要组成部分，它自身是一套完善的系统，可以通过多种途径优化科技资源的配置，其中包含与传统资源相似的有形技术（产权）交易方式，也有一些无形技术（产权）交易方式，它们彼此互补，共同推动科学技术资源的合理分配。

当今世界经济竞争和国力竞争，实质上是科技创新竞争。在市场经济环境下，我国的自主创新能力主要表现为以企业为主体，以市场为主导，最大限度地利用现代技术市场对科技资源进行基本配置的能力。现代技术市场是企业技术创新、经营创新的重要场所。所以，在要素市场中，现代科技市场是最主要的。规范现代科技市场的竞争与秩序，是构建和完善整个国家创新系统的重要战略措施，也是提升我国自主创新能力、调整经济结构、转变经济发展模式的重要手段。

（1）加强科技市场的法律制度，健全市场机制，完善竞争法则，规范市场交易。加大执法力度，维护科技市场的正常运行，确保科技市场的平稳、健康发展。要加强技术市场的指导，要加快技术合同的执行，要在新的起点上加强技术市场的法律制度建设，使现代科技市场的秩序得到进一步的规范。

（2）加快技术市场的中介机构建设，加快技术市场建设的信息化、网络化和现代化。

（3）加快与世界科技市场的对接，促进科技市场与资本市场、产权市场、人力资本市场的整合，促进科技市场的现代化。加快与商品市场、资本市场、产权市场的合作。增强信息市场与人力资源市场的协调、衔接与结合，便于企业充分利用市场资源。

## 二、加快高新技术开发区及孵化器建设

加快高新技术开发区及孵化器建设应从以下几个方面着手。

（1）要加强高新技术开发区的建设，增强自主创新能力。

（2）加大对高新技术企业的宏观调控力度，为高新技术企业的自主创新创造良好的政策环境。在高科技园区中，要坚持自主创新，必须要有强大的政府扶持。要加强对高新技术产业发展的财政扶持，使高新技术产业在融资上有较大的优势，从而实现对高新技术产业的引导和激励。

（3）要建立一套行之有效的人才培养、引进和使用的机制。要把高新技术产业打造成具有自主创新能力的"基地"，就需要健全"引进"的政策，以吸引大量高层次的人才。

（4）努力提升高新技术产业集群的自主创新能力，促进其制度创新。通过建立完善的市场运营机制，将体制和技术创新有机地结合起来，提

升园区的综合竞争力。支持大企业与科研机构联合，在高新技术开发区建立以企业为主、科研机构提供技术支撑的新型科研院所，引导科研院所与高新技术开发区共建科技园、特色产业基地和专业孵化器。建立灵活、精干、高效、廉洁的行政管理运行机制。

（5）在高新技术开发区设立专门机构，负责科技创新工作，并充分利用政府的宏观调控功能，对创新资源进行综合协调，并对重大技术创新项目进行统筹、组织、实施。制定鼓励自主创新的政策和措施。

（6）要加大对高新技术产业的国际合作和交流，吸收、消化、再创新高新技术，促进高新技术开发区的科技创新。

# 第五章
# 企业科技创新的评价

　　科技创新能力是指企业在某一特定科技领域所具备的创造综合实力，是企业获得持续竞争优势的基础。根据对我国企业科技创新能力内涵的研究，本章从潜在创新能力、创新投入能力、创新管理能力、创新输出能力四个维度来构建我国企业科技创新能力的评价指标体系。

　　企业的科技创新能力是一个包含多因素、多层次的综合能力。

　　企业科技创新需要多种创新要素的共同作用，包含技术开发、成果转化和推广的整个过程。我国目前存在两种科技创新模式：第一种是长链创新模式，即从基础研究到应用研究，最后走向市场；第二种是短链创新模式，即基于已有的理论与技术，跨过基础研究阶段，从研发阶段起步，深入实施。

# 第一节　企业技术创新评价

　　所谓企业技术创新，就是企业吸收、创造、掌握、应用新的技术成果，一方面响应与满足市场需求，另一方面刺激和重创市场需求，从而把科技进步与市场需求能动地、有机地、动态地结合起来，创造出体现这种结合的新产品与新工艺并开拓新的市场，以获得更大效益的创造性行为。企业技术创新主要由两大类活动构成：一是管理性活动，包括决策、资源配置、管理与制度建设等活动；二是实体性活动，包括研究开发、生产制造、市场营销等活动。由于技术创新是一个非线性的复杂系统过程，单纯强调创新过程的某一方面会导致企业创新能力的结构性缺失，必须以系统的观点来研究企业技术创新，在方法上由分析范式转向系统范式。

## 一、企业技术创新概念

技术创新不是一个纯技术学概念，也不是纯社会学或经济学概念，而是一个技术社会学或技术经济学概念。它不是指技术本身的创新，而是指把技术成果引入生产过程所导致的生产要素的重组或生产函数的转移。技术创新是科学技术介入经济和社会的基本方式，也是科技进步促进经济增长和社会发展的基本途径。

布莱恩·C.特威斯（1980 年）从企业内部和外部环境两个角度出发，建立了企业技术创新的特威斯综合模型（图 5-1）

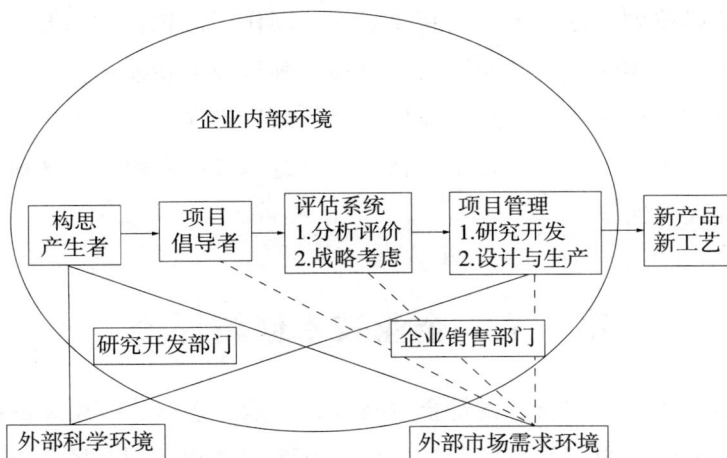

图 5-1　企业技术创新过程的特威斯综合模型

从特威斯综合模型可以看出，企业技术创新是指在市场经济环境下，技术进步与市场需求相结合，从而使企业获得更大的利益的行为。企业作为人、财、物的技术结合体，将企业的所有资源都集中在一起，通过最优的方式，合理地选择和使用外在的环境，尤其是市场信息和技术，从而达到创新目的。

技术创新是一种由一系列活动组成的完整的行为过程。从时间上看，技术创新可以分为三个阶段：创新决策阶段、研发阶段、实施阶段。由于企业技术创新并非单纯地按照一定的顺序、单一的方向发展，所以各发展阶段既有连续性，又时有交叉，而且各阶段之间的非线性反馈很多。在技术创新体系中，创新决策的形成、研发、实施并非单纯的线性关系，而是相互影响、相互制约、相互联系的，共同构成了企业技术创新体系，呈现出网络关系。企业技术创新体系的网络化结构，既是企业技术创新三个阶段纵横交错、展开的动态过程，也是技术创新三个阶段中信息交互的体现，也是技术创新三个阶段之间的互动。这种组织结构也是以流程的观点为基础的，体现了技术创新活动的特点。

## 二、企业技术创新能力评价

企业技术创新主要对以下能力进行评估。

（1）投资能力。根据国际通用的方法，企业对创新资源的投资可分成研发投资和非研发投资。研发投资主要体现在经费、人员和设备上，非研发投资分两种情况：第一种情况是技术创新活动中除研究开发经费之外的其他部分，包括市场研究、设计、工艺和材料准备；试制、试销及宣传等所需资金。第二种情况是在技术引进和技术革新方面进行投入。

企业投资能力评估是金融投资研究者加百力提出的一个金融投资咨询概念。它包括现有投资能力评估和投资能力提升规划、建议两方面的内容。

（2）研发能力。研发能力是创新资源投资累积的结果。对于引进技术，可以将对引进技术的消化、吸收能力作为衡量其研发能力的标准。

（3）制造能力。制造能力包含两个部分：第一，装具的先进程度；第二，员工的技能水平、适应能力、工作品质。

（4）创新管理能力。创新管理能力体现在对创新机遇的开发和评估、技术创新的组织和管理方面。

当前，对企业技术创新能力的评估，多以数学的方式进行。一般的数学评估方法有三类。

（1）线性加权和法。其评估过程主要有以下几个方面：第一，对统计指标进行规范化。第二，确定权重。在实际计算中，可以利用主、客观相结合的赋权法来确定各指标的权重，同时兼顾了各个指标的重要性，以及各个指标原始数据的关联性及其对整体评估的影响；还可以使用专家调查法（德尔菲法），并根据研究者的主观意愿，权衡各个指标在系统中的重要性。第三，对技术创新能力的各项指标进行计算。

（2）综合评估法。综合评估法是指依据指标体系，采用综合方法与技术，对资料进行权重处理与分析，以求出综合效益。综合评估是目前应用最广泛的评估方法。

采用综合评估法，首先，对各个指标进行统一的评估。如果进行纵向比较，可以将各指标的基准价值作为基准；如果进行横向对比，可以选取某一企业目前的实际价值作为基准。其次，按各指标的重要性来决定各个指标的权重，并用其报告期内的数据除以标准值，得出其指数。最后，对各个指数的权重进行加权，得出了综合评估的结果。

在综合评估法中，一般采用层次分析法求出各个指标的权重。

（3）模糊综合评价法。事物的性质是多种多样的，而一个复杂的体系，其影响因素也是众多的，因此在进行评估时，要充分考虑各种因素。如果影响因子众多，其权重也不同，则可按不同的等级逐个考虑，对分项进行综合，最终得出全面的评估，这就是模糊综合评价法的理论基础。

虽然各个数学方法在精度上存在差异，但是由于指标系统中包含了大量的定性指标，因此它们的测量具有较大的主观性，应根据各自的实际情况选择合适的方法。

## 三、提升企业技术创新能力的措施

应从技术创新的构成要素入手，从技术创新的短板入手，有针对性地采取相应的对策，使企业技术创新能力得到持续提升。

## （一）改进研发能力

企业在研发上要坚持以市场为导向，面向市场，与时俱进，力求做到生产一代、试制一代、研发一代、构想一代。

第一，建立在全面自主创新基础上。走自主研发之路的公司一般都具有深厚的研发实力。

第二，以引进技术为基础提升创新能力。引进国外先进技术，不断消化、吸收国外先进技术，并将其与自己的研发相结合，把自己的技术能力提升至能够实现自主技术创新、持续自主技术创新的程度。

第三，在技术合作方面不断加强创新。技术合作按合作内容分为合作生产、合作设计和合作研究三种类型。这种方法具有很强的技术依赖性。

第四，以仿效为基础的创新。模仿创新是指企业通过学习、模仿领先创新者的创新思维与行为，吸取其成功经验和教训，破解率先创新的关键技术与技术秘密，并在此基础上不断完善创新形式。

## （二）启动生产设备的能力

提高生产能力，充分利用原有设备，更要增加新生产线和生产设备。第一，对固定资产进行再分配。设备的再分配可分为两种：一种是企业内部的资产流动，另一种是公司与外界资源的交换。第二，启动专有资产。专有资产形成了企业的核心能力。企业要对其产品的特性进行全面的分析与应用，并加强其内在的竞争优势。第三，更新和改造部分设备。对设备进行局部改造，使装备的技术性能达到或部分达到国际先进水平。第四，优化生产过程。根据管理运筹学、生产组织管理等相关理论与方法，对生产流程进行优化。第五，降低生产成本。通过对设计、资源、成本和产品品质的严格控制，实现节能降耗。

### （三）加强行销技巧

市场营销的关键在于供给与需求之间的交易，即目标市场与供货商之间的交易。加强市场营销是提升技术创新能力的一个重要保证，也是最后的考验。

首先，要建立一个有针对性的市场。要把地域、产品等多种因素结合起来，对目标市场进行细分。通过对企业产品定价目标的分析，提出一种新的产品定价方法，并对其进行研究。

其次，要建立一种激励机制。激励机制包括诱导机制、动力机制和应激机制。

企业技术创新能力的提升是一个系统工程，要从多个角度分析、出发才能取得良好效果。除了以上几种方法之外，还要考虑管理、人才和信息因素。

# 第二节　企业科技创新能力评价

近几年，中国越来越注重创新，"创新、协调、绿色、开放、共享"的新发展理念中，创新排在首位。企业是国家的创新主体，只有对企业的科技创新能力有全面的认识，才能对其准确评估。

## 一、企业科技创新能力的影响因素

企业科技创新能力的形成主要受内部和外部两方面因素影响。内部因素主要指企业内部的自主创新要素，外部因素主要指政府的支持要素。

企业的自主创新要素包括技术创新、组织创新、制度创新和管理创新。研究其内在机制，必须对其进行分解。企业科技创新可以分为设想产生、研究开发、中间试验、生产制造、市场营销和创新扩散六个阶段。对这六个阶段的相关环节进行整合，可以形成有逻辑联系的三个模块，分别是研发、生产、销售模块。在此基础上，科技创新能力可以分为研发能力、生产制造能力和市场营销能力。企业组织创新、制度创新、管理创新是企业创新的核心内容，也是企业技术创新体系的支撑。从根本上讲，企业的科技创新活动是一种自发的行为，其维持的持久性和行动的强弱，依赖于其进行科技创新的驱动力。这一驱动力还会对企业的科技创新水平产生明显的影响。这个驱动力被称为企业的创新投入能力。

企业科技创新能力的外部影响因素是指财税政策、法律政策、金融政策和社会创新服务等因素，这些因素通过多种途径作用于企业内部自主创新系统，从而影响企业科技创新能力。这些因素都是企业外部环境的一部分，不能由企业本身来决定，但会对企业的科技创新能力产生一定的影响。

## 二、企业科技创新能力构成分析

企业科技创新活动是一个系统性的过程，所以企业科技创新能力也是一个系统性的概念。企业科技创新能力既包括企业内部应具备的开展自主创新活动的能力，还包括与外部环境沟通协调的能力。因此，企业科技创新能力可分为创新投入能力、研究开发能力、生产制造能力、市场营销能力、创新管理能力以及外部环境协同能力。

### （一）创新投入能力

创新投入能力是指企业投入科技创新资源的质量和数量，是产品技术创新成功的关键因素，也是推动企业进行科技创新的重要因素。对创新资源的投资通常可分为研发与非研发两类。研发投资主要是资金和人力，其中以企业的内部研究为重点。在财政投入中，科研经费占很大比重，因此可以用对科研资金的投入来衡量其对创新资金的投入。而人力投入可以从多个角度进行评估，包括研发人员的人数、质量、人力资本等。非研发投资包括更多的投资，比如市场调研、材料准备、产品试制等。

## （二）研究开发能力

研究开发能力是决定企业创新能力的重要因素，它是企业在原有的基础上进行创新、吸收、再创新的决定因素，且研发能力与企业的产品和工艺升级的效率有直接的关系。研究开发能力是企业科技创新活动的基础和先决条件。研究开发能力可以通过创新投入和产出的结果来表示。研究开发能力侧重于创新的产出，所以在评估研究开发能力时，应从研发产出的角度考虑，并结合自身的特征以拥有专利数、人均拥有专利数、产品研发成功率等为标准。

## （三）生产制造能力

生产制造能力是指通过技术和设备把研发成果转化为可批量生产的、符合要求的产品的能力。只有通过生产，企业的技术创新产品，才能进入市场，面向消费者，实现产业化。生产制造能力直接关系到新技术和新产品的质量，直接影响着科技成果的转化。对企业的生产制造能力的评价应从三个方面进行：第一，制造设备的先进程度；第二，员工的数量；第三，企业的生产标准。

## （四）市场营销能力

企业的创新成果市场化是创新过程最终的一环，也是企业取得经济利益的重要一环。市场营销能力直接影响着企业的市场表现，新产品和新技术能否被消费者接受，能否经受市场的检验，主要看企业的市场营销能力。所以，在企业创新中，市场营销能力是很关键的。技术创新所需的市场营销能力，主要有两个层面：一是将新产品推向市场，使其获得消费者的认同，并被消费者接受，即所谓的销售能力；二是通过市场调研，从企业的使用者和竞争对手那里获得反馈，从而提高产品质量，即市场调研能力，该能力只用于企业的营销创新，甚至比销量更重要。

结合以上分析，并根据企业技术创新的特殊性和数据的可得性，可以从产品营销强度、人员构成、渠道建设强度、市场调查能力等方面对企业的市场营销能力进行评估。

### （五）创新管理能力

创新管理能力除了指创新项目从立项到完成所需的能力，还包括对创新机会的发现和评价能力、创新计划的制定能力、技术创新的组织能力。学术界普遍认为，企业创新战略、创新倾向、创新激励、内部和外部的协调是企业创新管理能力的重要体现。企业创新战略是由企业的决策水平、信息获取能力、信息分析能力和信息处理能力来实现的。创新激励通过提高员工对薪酬、专业培训的满意度，提供更大的晋升空间实现的。内部和外部的协调表现在企业内部协作的程度和效率以及企业与用户、供应商、外部机构之间的沟通和互动等方面。另外，如果某些企业自身实力薄弱，易受到市场环境的影响，再加上部分扶持企业的技术创新政策还不完善，那么这些企业必须时刻保持警觉，做好应对经济衰退乃至破产的心理准备，而在危机面前，企业的业绩如何，就看它的应对能力了。

## 三、企业科技创新能力评价指标体系的构建原则

### （一）科学性原则

以科学的方法设计评价指标，是保证评价结果真实、客观的基础。评价指标要全面地反映企业科技创新能力的基本特点，具有一定的层次性，能够从科学的视角对企业科技创新能力进行全面、准确的评价。在选择指标时，要做到涵盖范围广泛，能够全面、客观地反映企业技术创新活动的方方面面。同时，在进行必要的专题调研、定性和定量相结合方法的基础上，对企业科技创新能力进行全面的评价，以确保评价的真实性、客观性、精确性。

## （二）系统性原则

由于科技创新是一个系统的过程，因此在设计企业科技创新能力评价指标时，必须坚持系统性原则。评价指标应能全面反映企业科技创新能力，包括研发、生产、营销等。对企业科技创新能力进行综合评价，不仅要做到全面、系统，注重指标的完整性，而且要做到抓住要点，要做到客观、公平。同时，按层级划分评价指标，形成一个完整的评价体系，确保各个指标的层次分明。总之，要从整体上构建一套完整、系统、全面、客观的评价系统，以反映企业科技创新能力。

## （三）可比性原则

在选取评价指标时要充分考虑各企业的创新能力，并尽量将其量化。要明确评价指标的名称、含义、范围，所选择的指标在不同的时间均可以进行比较，从而确保评价的公平性和可比性。

## （四）可操作性原则

设计指标体系时既要保证评价指标能准确地反映企业科技创新能力，又要考虑到数据的可获得性和指标量化的难易程度，保证评价指标能被有效地测度或统计，以便进一步的实际操作，最终保证评价结果是真实有效的。

## （五）定性与定量相结合原则

由于企业科技创新具有很强的非线性和模糊性，因此在评价系统中要尽量利用现有的统计资料进行定量的分析。当遇到无法量化的指标时，可借助定性分析，但是要以定量的指标为主，以定性的指标为辅。所以，在构建指标体系时，要做到量化和定性的有机统一，以保证整个评价体系的真实、可靠。

## 四、企业科技创新能力评价指标体系的构建

根据企业科技创新能力的构成分析，本节构建了以企业科技创新能力为目标层，以创新投入能力、研究开发能力、生产制造能力、市场营销能力、创新管理能力、外部环境协同能力为一级指标，以研发资金投入强度、研发人员数量、素质强度等23个测度指标为二级指标的企业科技创新能力评价指标体系。如表5-1所示。

表5-1　企业科技创新能力评价指标体系表

| 一级指标 | 二级指标 | 指标性质 |
|---|---|---|
| 创新投入能力（$X_1$） | 研发资金投入强度 | 定量指标 |
| | 研发人员数量—素质强度 | 定量指标 |
| | 非研发资金投入强度 | 定量指标 |
| | 技术引进和技术改造投入强度 | 定量指标 |
| 研究开发能力（$X_2$） | 拥有专利数 | 定量指标 |
| | 研究人员人均拥有专利比例 | 定量指标 |
| | 产品研发成功率 | 定量指标 |
| | 新产品原始创新率 | 定量指标 |
| 生产制造能力（$X_3$） | 生产设备先进度 | 定性指标 |
| | 生产人员数量—素质强度 | 定量指标 |
| | 企业生产标准化程度 | 定性指标 |
| 市场营销能力（$X_4$） | 产品营销强度 | 定量指标 |
| | 营销人员占比 | 定量指标 |
| | 销售渠道建设强度 | 定性指标 |
| | 市场调研能力 | 定性指标 |
| 创新管理能力（$X_5$） | 企业创新重视度 | 定性指标 |
| | 创新激励体制合理度 | 定性指标 |
| | 组织内外部协调能力 | 定性指标 |
| | 风险防范与危机处理能力 | 定性指标 |
| 外部环境协同能力（$X_6$） | 法律政策支持度 | 定性指标 |
| | 企业融资难易度 | 定性指标 |
| | 政府服务支持力度 | 定性指标 |
| | 外部组织合作程度 | 定性指标 |

## 五、企业科技创新能力评价样本数据的获取

### （一）问卷设计原则

（1）目的性原则。调查问卷旨在满足决策者对信息的需求，为决策者提供决策所必需的信息。调查员要对调查的目的有充分的理解，并且所列问题一定要和目的有很大的关系。这就要求在设计调查问卷时要注重细节，明确目标，尽量避免不必要的问题。

（2）逻辑性原则。一份问卷的设计应符合被调查者的思维逻辑。这就要求问卷的结构合理，问题的排列有逻辑顺序，问卷条理清楚，以提高调查问卷的效度。一般先易后难、先简后繁、先具体后抽象。

（3）通俗性原则。调查问卷要浅显易懂，让受访者一眼就能看懂问题，并能真实作答。调查问卷应尽量言简意赅，语气和善。调查的时间要短，问卷不易太长，要符合被访者的认知，尽量不用专业词汇。

（4）便于处理原则。调查问卷收集的答案和数据便于处理和分析。设计问题时答案应事先考虑问题是否适合进行分类和解释，是否方便检查和核对，是否便于整理、统计和分析。

### （二）数据收集

1. 调查对象的选取

本研究主要是针对企业的，结合研究目的，至少对500家企业进行科技创新能力的评价，既科学合理，又现实可行，还可以反映区域中小企业科技创新能力的现状。

2. 调查方式的选取

本研究采用现场问卷调查的方式，对一些重点企业高管进行现场问卷调查。本研究同时将问卷与网络调查相结合，对一些规模较小的公司进行网络问卷调查。

## 六、企业科技创新能力评估方法

当前，国内外企业科技创新能力评价方法较为成熟，类型多样，各有利弊。目前，主要的科技创新能力评价方法有如下几种。

### 1. 生产函数法

生产函数法是一种预测各经济组织之间关系的方法。根据生产函数理论，资本投入、劳动投入和技术进步速度是影响企业产量的主要因素。通过三个因素之间的相互关系，可以得出潜在产出，从而可以更好地体现结构政策和经济形态的影响，能够清晰地反映出各要素的投入对产出的影响。但是，该方法自身存在着一定的缺陷，例如估算过程过于复杂，需要大量的数据，忽略了其他生产环节的投入。用该方法对企业科技创新能力进行评价时，一方面该方法存在的缺点会被放大，另一方面也无法对企业技术进展做出详尽的评价，这会对企业的技术发展产生重大影响。

### 2. 层次分析法

美国学者萨蒂于 20 世纪 70 年代将多指标综合评价和网络化系统理论相结合，提出了一种新的权重决策分析方法，即层次分析法。层次分析法将定性分析和定量分析相结合，将决策分解为目标层、准则层和方案层。其优点有三：一是可以进行系统的分析；二是可以解决很多实际问题；三是计算简便，容易掌握。但其缺点是无法为决策提供新的解决方案，定量数据较少，定性成分多，不能使人信服。国内已有学者对层次分析法进行了改进，将层次分析法应用于企业科技创新能力的评价。我国学者史晓燕提出了一种以 AHP 为基础的科技创新能力评价方法，对许多复杂、模糊的问题进行量化分析，从而实现了定性和定量的综合评价。大连理工大学博士刘宇在《大连高新区企业技术创新能力评价实证研究》中运用 AHP 法对众多企业技术创新能力进行了分析，其主要思路如下：通过专家访谈、实地调研等方式，建立"技术创新能力评价指标体系"，并通过该评判矩阵对各指标进行加权，从而得出企业技术创新能力的测算公式。在一定程度上，这是一个很好的方法，它十分简单。

3. 模糊综合评价法

模糊综合评价法是基于模糊数学的一种综合评价方法。该方法根据模糊数学中的隶属度理论，对受到多种因素制约的对象进行全面评价，将定性评价转为定量评价。这种方法系统性强，结果清晰，适用于某些不确定的定量问题。该方法科学、有效、规范统一。由于其具有较好的可操作性，因此在企业技术创新能力评价中得到了广泛的应用。

4. 数据包络分析方法

数据包络分析法（DEA 法）的基本思想是通过运用数理统计方法，保证决策单元的输出量和输入量都是不变的。DEA 法能够较好地解决多输入方的有效性评价问题，而且无须无量纲，因而其评价的效率较高。DEA 法在评价企业科技创新绩效方面有独到之处，且其直观、可比性强，有利于构建更具可操作性的企业科技创新能力评价体系，并可对企业技术创新现状进行更科学的评价。但是，DEA 法也存在着一些缺点，例如对离群值的敏感性较高，从而使处理的结果不稳定。在国内，应用 DEA 法评价企业科技创新能力的学者屈指可数，结果显示 DEA 法虽然复杂，但仍然是可行的。

5. 结构方程模型

结构方程模型通过对各个变量之间的直接或间接的关系进行分析，得到了各个因素之间的作用路径系数。其最大的优点是，偏差和个体差异对结果的影响很小。根据可变参数是否可以直接测量，其可分为显式和隐性两种类型。结构方程模型由模型假设、测量方程和结构方程组成。其中，结构方程代表隐性变量之间的关系，测量方程代表了测量变量与测量参数之间的关系。运用结构方程模型对企业科技创新能力进行评价，可以将两者的因果联系与影响整合在一起，这正是运用结构方程模式进行评价的最大优点。但由于结构方程模型对抽样数据要求较高，一般需要 200 多个样本，这给企业科技创新能力评价带来了一定的难度，即便采集到了样本，也很难对其进行分析。

6.多层次灰色评价法

多层次灰色评价法是基于灰色关联度理论和专家评价的综合性评价方法。采用多层次灰色评价法评价企业科技创新能力，具有计算简便、精确度高等特点。由于区域科技创新能力的研究需要大量的样本，而且所建立的评价指标体系也比较复杂，使用这种方法进行科技创新能力评价时，会产生大量的计算和错误，因此该评价方法不宜用于大样本、多指标的评价。

7.人工神经网络法

人工神经网络法是一种模拟人类思考的方法，人工神经网络是一种将许多简单的基础单元神经元互相连接起来的、具有高度适应性的非线性动力学系统。各神经元的构造与功能相对简单，而由大量神经元组成的系统行为十分复杂，表现出泛化、非线性映射、高度并行等特性。这是人类大脑的几个基本特征，但是却不是对生物系统的真实写照，只是模仿、简化和抽象。人工神经网络在工作之前，必须遵循特定的学习原则。与传统的计算机相比，人工神经网络具有更贴近人类大脑的构造原则和功能特性，而非按照一定的步骤进行运算，而具有适应环境、总结规律、完成某种运算、辨识或过程控制的能力。人工神经网络是一种应用较为广泛、较为成熟的前馈神经网络，它可以对任意的线性和非线性函数进行映射，降低了权值的不确定性和模糊程度，并能满足精确的要求。

8.因子分析

因子分析是一种广泛使用的多元统计分析方法，它的实质就是通过少量的因子来描述各要素之间的关系，把具有高关联度的变量归入一类，使每个变量都变成一项，从而使少数的因子能够反映出总体的信息。因子分析中各因素的数量比原变量少、各因素间的线性关系不明显、各因素具有命名解释性等。因子分析的主要步骤如下：第一，采用巴特利特球度检验、KMO检验等方法，确定因子分析的适用性；第二，对各指标进行规范化处理，并对其进行归一化；第三，抽取公因数，并对其进行命名、旋转；第四，对因素评分并进行综合评分。这一系列操作都可以由 SPSS 软件完成，因此数据处理的难度大为降低，具有很好的实用性。

## 七、评价方法的应用

遵循对企业科技创新能力评估的有效性原则，著者选取两种评价方法详加介绍。

### （一）因子分析的应用步骤

1. 变量相关性检验

因子分析的原理是提取具有重叠信息的变量，将其综合成可以表征大部分变量的几个核心因子。这就要求原有的众多变量之间具有一定的相关性，否则无法进行因子分析。运用 SPSS 软件做变量相关性检验主要有两种方法：巴特利特球度检验法和 KMO 检验法。

2. 指标的标准化处理

指标的标准化处理是指通过某个公式消除原始变量之间不同的计量单位和数量级，以便于解决各因子指标不可综合处理的问题。具体的计算公式为：

$$x_{ij} = \frac{X_{ij} - \overline{X_j}}{S_{ij}} \tag{5-1}$$

式中：$x_{ij}$ 为无量纲化处理后的数据；$X_{ij}$ 为原始数据；$\overline{X_j}$ 为第 $j$ 个指标的平均值；$S_{ij}$ 为标准差。

3. 标准化后变量的相关系数矩阵的求解

标准化后变量的相关系数矩阵的求解过程如下：

$$\boldsymbol{R} = \begin{vmatrix} r_{11} & r_{12} & r_{1m} \\ r_{21} & r_{22} & r_{2m} \\ \cdots & \cdots & \cdots \\ r_{m1} & r_{m2} & r_{mm} \end{vmatrix} = \begin{vmatrix} 1 & r_{12} & \cdots & r_{1m} \\ r_{21} & 1 & \cdots & r_{2m} \\ \cdots & \cdots & 1 & \cdots \\ r_{m1} & r_{m2} & \cdots & 1 \end{vmatrix} \qquad （5-2）$$

4. 公因子的提取与因子命名

SPSS 软件提供的公因子的提取方法主要有三种：特征根判断法、累计方差贡献率判断法和碎石图判断法。根据原始指标反映的事实和客观情况，同时结合原始指标在主因子上的载荷，对提取出的公因子进行因子命名。

5. 因子旋转

一般使用因子旋转使各因子的典型代表变量更加突出，更清楚地分出各因子影响的主要变量。因子旋转的方法主要有两种：正交旋转法和斜交旋转法。正交旋转法在选择过程中坐标轴始终处于垂直状态，斜交旋转法则可以以任意夹角旋转。由于利用斜交旋转法旋转之后的因子可能会相关，所以一般较多使用正交旋转法。正交旋转法有多种，最常用的是方差最大法。

6. 计算因子得分和综合得分

因子分析最终体现为因子得分，计算因子得分就是为了指标降维和简化问题，计算因子得分的主要方法有 Bartlette 法、Anderson-Rubin 法、回归法等。公式表达为：

$$F_j = \beta_{j1} x_1 + \beta_{j2} x_2 + \cdots + \beta_{jp} x_p (j = 1, 2, \cdots, \ m) \qquad （5-3）$$

式中：$\beta$ 为原变量的相关系数矩阵。

综合得分的计算方法是以提取出来的公因子得分与其相应的权重相加。这个分值的高低代表了企业科技创新能力的高低。每个公因子权重是根据方差贡献率与累计方差贡献率的比值得到的。

### （二）模糊综合评价法的应用步骤

1. 指标评价集的确定

假设一级指标为 $A$，则 $A$ 共有六个子集，即六个二级指标，记为 $X_1$, $X_2$, $X_3$, $X_4$, $X_5$, $X_6$。所以指标评价集 $A = (X_1, X_2, X_3, X_4, X_5, X_6)$，其中 $X_1 = (Y_1, Y_2, Y_3, Y_4)$，$X_2 = (Y_5, Y_6, Y_7, Y_8)$，$X_3 = (Y_9, Y_{10}, Y_{11})$，$X_4 = (Y_{12}, Y_{13}, Y_{14}, Y_{15})$，$X_5 = (Y_{16}, Y_{17}, Y_{18}, Y_{19})$，$X_6 = (Y_{20}, Y_{21}, Y_{22}, Y_{23})$，上式满足 $X_i \cap X_j = \phi$。

2. 指标评语集的确定

评价中小企业科技创新能力的高低，需要对评语等级论域进行确定。一般选用优秀、良好、一般、较差、很差五个等级论域，对应的指标评语集为 $V = (V_1, V_2, V_3, V_4, V_5)$，用百分比衡量不同等级。

3. 评价指标权重的确定

一般情况下，指标评价集中的各指标在综合评价中重要性是不同的，综合评价最终结果不仅取决于各指标值的大小，而且与各指标在综合评价中重要性有直接关系，这时就要确定各个指标间的权重分配，它是 $A$ 上的一个模糊向量，记为 $B = (b_j) = (b_1, b_2, b_3, b_4, b_5, b_6)$，其中 $b_j$ 表示第 $j$ 个二级指标的权重，且 $b_1 + b_2 + b_3 + b_4 + b_5 + b_6 = 1$。可以选用 Delphi 法、加权平均法、众人评估法、层次分析法来确定各指标权重。同理可得各三级指标的相对权重，其向量记为 $W_i$，$i = 1, 2, 3, 4, 5, 6$。

4. 指标的无量纲化处理

在一般情况下，每个评价指标的具体量纲往往是不同的。由于这种量纲的不同，它们彼此之间不具有比较的意义，因此需要使用一些指标无量纲化的处理方法，消除指标之间单位、数量级不同带来的影响，使它们具有可比性。

5. 确定评判隶属矩阵

采用隶属函数对定性指标和定量指标的等级做评价。隶属函数法就是通过数学方法处理标准化后的指标数据，进而确定评价指标值属于评语集各要素的概率，最后得出每个子指标的隶属度向量。定性指标和定量指标的隶属度的计算是不同的。定性指标隶属度是通过计算每个评价指标对应的不同评语等级所对应的调查对象的数量与全部调查对象的数量的比值得来的，这样就可以得到每个定性评价指标的隶属值向量。在定量指标隶属度的计算上，将每个样本的定量指标做无量纲化处理后，得到百分制的评价值，并根据设定的标准将评价值与之前的评语等级对应起来，统计处于某一个评语的样本的数量，并将其与企业总数量做对比，最后得到每个定量指标的隶属值向量。假设某一三级指标，被选择或者无量纲化处理后评价值所处的某一评语的统计数量是 $m$，调查对象的总数量是 $n$，该三级指标属于某一评语集的隶属度计算公式为：

$$r_{ij} = \frac{m}{n} \tag{5-4}$$

式中：$i$ 代表第 $i$ 个三级指标，$j$ 代表第 $j$ 个评语等级。

评判隶属矩阵 R 为：

$$\boldsymbol{R} = \begin{vmatrix} r_{11} & r_{12} & \cdots & r_{1m} \\ r_{21} & r_{22} & \cdots & r_{2m} \\ \cdots & \cdots & \cdots & \cdots \\ r_{m1} & r_{m2} & \cdots & r_{mm} \end{vmatrix} \tag{5-5}$$

6.综合评价

选用普通数学的乘与有界算子 $M(+)$ 作为合成算子，计算所得的三级指标权变量为 $W_i$，对每一层次的目标可以用 $Z_i = W_i R$，$i = 1, 2, 3, 4, 5, 6$ 计算结果，这样就可以得到每个单项评价的结果。得到单项评价结果后，结合二级指标的相对权重，可以计算出综合评价值 $Z = Z_i B$，$i = 1, 2, 3, 4, 5, 6$。

# 第三节　动态科技创新能力评价体系

企业技术创新中动态科技创新能力评价体系通常包括以下几个方面。

## 一、评估科技创新战略

科技创新战略是企业在科技创新领域制定的长远规划和行动方案。对企业的科技创新战略进行评估，可以帮助企业了解自身在科技创新方面的定位和优势。

评估企业科技创新战略，包括对技术趋势预测能力、市场需求分析能力和竞争对手分析能力的评估，以及对企业科技创新战略的长期性、系统性、战略性等方面的评估。

### （一）技术趋势预测能力

技术趋势预测能力是企业在科技创新领域中的一项关键能力，它涉及企业对未来技术发展方向的了解和预测能力。

评估企业的技术趋势预测能力时，需要从以下几个方面进行。

1. 资源投入

评估企业在技术研发领域的资源投入情况，包括人力、物力和财力等。企业需要投入足够的资源来进行技术研发工作，以提高技术趋势预测的准确性和可靠性。

2. 研发人员素质

评估企业的研发人员素质，包括技术水平、学术背景和创新能力等。企业需要拥有一支高素质的研发团队，深入地进行技术研究和预测工作。

3. 科技创新文化

评估企业的科技创新文化，包括创新意识、开放合作和创新管理等方面。企业需要营造积极的创新文化氛围，促进创新合作，以便开展深入的技术研究和预测工作。

4. 技术前沿研究

评估企业对技术前沿的关注程度和研究深度。企业需要关注并跟踪技术前沿的发展动态，了解新技术、新材料、新工艺等方面的研究成果，以便预测未来技术发展的方向和趋势。

5. 行业趋势分析

评估企业对行业趋势的分析能力。企业需要对行业发展趋势进行分析和研究，了解市场需求和技术发展的变化和趋势，以便制定相应的科技创新战略。

技术趋势预测能力可以帮助企业了解行业技术的变化趋势，及时调整科技创新战略，以保持在科技领域的竞争优势。因此，企业需要注重培养和提升技术趋势预测能力，加强科技创新文化建设，提高研发人员的素质和能力，从而更好地适应未来技术的发展。

## （二）市场需求分析能力

市场需求分析能力涉及企业对市场需求的了解和分析能力。企业需要通过研究市场需求、消费者需求和未来趋势等，了解市场需求的变化和趋势，以便根据市场需求制定相应的科技创新战略。

评估企业的市场需求分析能力时，需要从以下几个方面进行。

1. 市场研究能力

评估企业进行市场研究的能力和方法，包括市场调查、竞品分析和消费者行为分析等方面。企业需要收集和分析市场信息，了解市场需求和未来趋势，以便制定相应的科技创新战略。

2. 产品定位能力

评估企业对产品和市场定位的能力。企业需要了解产品的特点和市场需求，以便对产品和市场进行合理定位。

3. 顾客需求分析能力

评估企业对顾客需求的了解和分析能力。企业需要了解顾客的需求和偏好，进行顾客需求分析和顾客满意度调查。

4.市场战略制定能力

评估企业制定市场战略的能力，包括市场定位、市场细分、产品推广和市场营销等方面。企业需要根据市场需求和未来趋势制定相应的市场战略，以便实现科技创新和市场营销的有效结合。

5.创新能力

评估企业在市场需求分析中的创新能力，包括市场创新和产品创新等方面。企业需要不断创新，满足不断变化的市场需求和消费者需求，以便保持在市场竞争中的优势地位。

市场需求分析能力可以帮助企业了解市场需求和未来趋势，根据市场需求制定相应的科技创新战略。因此，企业需要注重培养和提升市场需求分析能力，加强市场研究和顾客需求分析工作，制定符合市场需求和未来趋势的科技创新战略，从而更好地适应市场的变化和发展。

## （三）竞争对手分析能力

竞争对手分析能力涉及企业对竞争对手的了解和分析能力。企业需要通过研究竞争对手的技术、产品和市场策略等，了解竞争对手的优势和劣势，以便制定相应的科技创新战略。

评估企业的竞争对手分析能力时，需要从以下几个方面进行。

1.竞争对手研究能力

评估企业研究竞争对手的能力和方法，包括竞争对手调查、竞品分析和市场竞争分析等方面。企业需要收集和分析竞争对手的信息，了解竞争对手的优势和劣势。

2.技术分析能力

评估企业对竞争对手技术的了解和分析能力。企业需要了解竞争对手的技术水平和技术优势，进行技术分析和技术评估。

3.产品分析能力

评估企业对竞争对手产品的了解和分析能力。企业需要了解竞争对手的产品特点和优势，进行产品分析和产品对比。

4.市场策略分析能力

评估企业对竞争对手市场策略的了解和分析能力。企业需要了解竞争对手的市场策略和市场定位，进行市场策略分析和市场营销对比。

竞争对手分析能力可以帮助企业了解市场竞争环境，把握竞争对手的优势和劣势，及时进行技术和产品创新，从而在市场竞争中占据更有利的地位。

### （四）长期性

评估企业科技创新战略的长期性，即评估企业科技创新战略是否具有长远性和可持续性，需要从以下几个方面进行。

1.战略定位

评估企业科技创新战略是否符合企业的战略定位和长远发展目标。企业需要在制定科技创新战略时，考虑企业长期发展的方向和目标，以便制定长远的科技创新战略。

2.技术预研

评估企业是否有足够的技术预研能力。企业需要通过技术预研，了解技术发展的趋势和方向，为长期科技创新提供技术支持和保障。

3.人才储备

评估企业是否有足够的人才储备，以支持长期科技创新和发展。企业需要加强人才引进和培养，建立人才储备机制，保证长期科技创新和发展中拥有足够的人才支持。

4.组织机制

评估企业的组织机制是否有利于长期科技创新和发展。评估企业科技创新战略的长期性时，需要考虑企业的产业环境、市场竞争状况和技术趋势等因素。企业需要根据自身情况制定符合自身特点和长远发展目标的科技创新战略，以保证企业在未来长期的科技创新和发展中保持领先地位。

## （五）系统性

评估企业科技创新战略的系统性即评估企业科技创新战略是否具有整合能力，需要从以下几个方面进行。

1. 科技创新领域的整合

评估企业是否整合了不同领域的科技创新，形成系统性的科技创新战略。企业需要整合不同领域的技术，以产生协同效应。

2. 创新资源的整合

评估企业是否将不同的创新资源整合起来，形成系统性的创新能力。企业需要整合不同的创新资源，包括技术、人才、资金和信息等，支撑企业的科技创新战略。

3. 创新管理的整合

评估企业是否将创新管理和创新流程整合起来，形成系统性的创新管理模式。企业需要整合创新管理和创新流程，建立科技创新的管理模式，以保证科技创新的顺利实施。

4. 创新战略的整合

评估企业是否将科技创新战略与企业战略目标整合起来，形成系统性的创新战略。企业需要将科技创新战略与企业战略目标整合起来，以实现企业的长远发展目标。

在评估企业科技创新战略的系统性时，需要考虑到企业的产业环境、市场竞争状况和技术趋势等因素。

## （六）战略性

评估企业科技创新战略的战略性可以采用以下几种方法。

1.文献研究法

通过查阅企业的科技创新战略文献，了解企业的科技创新目标、战略和规划。

2.专家访谈法

通过与企业的高层管理人员、科技研发人员等进行交流和访谈，了解企业的科技创新战略和管理模式等。

3.调查问卷法

通过调查问卷的方式，了解企业的科技创新战略和实施情况，以及员工对企业科技创新战略的认知和评价等。

4.经济分析法

通过分析企业的财务报表和经济数据，了解企业在科技创新方面的投资和收益情况，评估企业的科技创新战略是否符合企业的经济实际。

评估企业的科技创新战略可以帮助企业发现科技创新方面的问题和不足，及时调整科技创新战略，提升企业的科技创新能力和创新竞争力。

## 二、科技创新组织

评估科技创新组织包括对人员配备、组织架构、创新流程和创新管理等的评估。评估企业科技创新组织的结构和管理机制，可以帮助企业了解科技创新的强项和弱项，为制定科技创新战略提供依据。

### （一）人员配备

企业需要拥有具有专业素质和创新能力的科技人员、具备管理和协调能力的管理人员以及研发团队，以支撑企业的科技创新工作。科技人员是实施科技创新的重要基础。科技人员具备丰富的科技知识和创新能力，可以为企业的科技创新提供技术支持和创新方向。管理人员具备优秀的管理和协调能力，能够协调和管理科技人员和研发团队，以保证科技创新项目的有序推进。研发团队具备较高的协作和沟通能力，能够有效地整合各种资源，推进科技创新项目的顺利实施。

评估人员配备可对企业科技人员、管理人员及研发团队进行评估。企业需要注重人员的稳定性和流动性，建立激励机制，吸引和留住高素质的科技人才，为科技创新提供坚实的人力资源保障。企业需要注重人员的培养和发展，通过培训、学习和交流等形式，提高科技人员和研发团队的技能水平和创新能力，不断创新和完善企业的科技创新项目。企业还需要建立科技创新的奖励机制，鼓励和激励科技人员和研发团队积极参与创新活动，激发创新意识和创新精神。

### （二）组织架构

建立科学合理的组织架构对于企业的科技创新至关重要。评估企业科技创新组织架构即对科技创新部门、研发中心和技术支持团队进行评估。

首先，企业需要建立科技创新部门，将其作为企业科技创新的中枢组织。科技创新部门应具备较高的科技创新管理能力，能够协调和管理各个科技创新项目，保证科技创新项目的有序推进。此外，科技创新部门还需要制定科技创新的战略规划和发展方向，为企业的科技创新提供指导和支持。

其次，研发中心需要拥有一支具有专业素质和创新能力的研发团队，能够开展前沿技术研究和产品创新。研发中心需要根据市场需求和技术趋势，不断推出具有竞争力的新产品和技术，为企业的发展提供强有力的支持。

最后，技术支持团队需要具备较高的技术支持能力和服务水平，能够为科技创新部门和研发中心提供技术支持和服务，保证科技创新项目的高效实施。

评估组织架构时，企业需要注重组织架构的灵活性和适应性，以适应不同市场环境和技术趋势的变化。企业还需要注重组织架构的优化和改进，不断提高科技创新的效率和质量，为企业的长远发展提供有力的保障。

## （三）创新流程

企业需要建立创新流程，包括创意发掘、技术研发、试验验证和市场推广等环节，以规范和科学地推进企业的科技创新工作。

评估企业创新流程是否规范和科学，是企业进行科技创新时必须考虑的重要因素。建立规范科学的创新流程，可以提高企业的创新效率和质量，推动企业不断创新和发展。

首先，企业需要建立科学的创意发掘机制，鼓励员工积极创新，挖掘潜在的创新点。企业还需要积极开展市场调研和技术研究，了解市场需求和技术趋势，从而挖掘出有潜力的创新点。

其次，企业需要建立科学的技术研发机制，以保证技术研发工作的高效高质。企业还需要加强技术创新的开放性，积极与高校、研究机构等合作，共同开展科技创新项目。

再次，在技术研发的基础上，企业需要进行试验验证。试验验证可以验证技术的可行性和有效性，提高技术的成熟度。企业需要建立科学的试验验证机制，制定科学合理的试验验证方案，加强试验验证的管理和监控，保证试验验证工作的顺利进行。

最后，企业需要建立科学的市场推广机制，以将创新成果推向市场，实现商业价值。企业需要积极开展市场调研和市场营销，了解市场需求和消费者的购买行为，制定科学合理的市场推广策略，将创新成果推向市场。

评估企业创新流程是否规范和科学，可以帮助企业发现创新流程中的不足和缺陷，及时进行调整和改进，提高创新效率和质量，推动企业不断创新和发展。

### （四）创新管理

企业需要建立科技创新的管理机制，包括创新管理体系、创新绩效评估和知识产权管理等，以保证科技创新的高效推进和管理。

创新管理涉及科技创新的全过程管理，从创新策略的制定到成果的转化再到商业化推广。评估企业创新管理是否高效和科学，发现企业在创新管理方面存在的不足，及时改进和提高，提高创新效率和质量。

首先，企业需要建立科技创新的管理体系，包括创新组织架构、流程和规范等。企业需要制定科学合理的创新管理规范和流程，为科技创新提供保障。企业还需要建立创新管理团队，负责科技创新的管理和协调，以保证创新工作的高效推进。

其次，企业需要建立科学合理的创新绩效评估机制，对创新项目进行评估和分析，从而为下一阶段的创新工作提供指导和参考。需要从技术、市场和经济等多个方面评估创新绩效，以全面客观地反映创新成果和效益。

最后，企业需要建立科学合理的知识产权管理机制，包括知识产权的申请、保护和维护等，以保障创新成果的产权和商业价值。企业需要建立知识产权管理团队，负责知识产权的申请、管理和维护，为企业的创新工作提供保障。

对于大型企业而言，创新管理还涉及资源的有效配置和整合。企业需要合理配置科技创新的资源，包括人员、资金、设备和技术等，以保证科技创新的顺利实施。企业还需要整合和协调各个部门和团队的科技创新资源，避免重复投入和资源浪费。

在创新管理中，企业还需要注重创新文化的培育。创新文化是企业科技创新的重要驱动力，可以激发员工的创新热情和创新能力，促进企业的持续创新和发展。企业需要建立开放、包容、鼓励创新的企业文化，为科技创新提供有利的环境和氛围。

创新管理需要与企业战略和发展目标相结合。企业的创新管理应该紧密结合企业的战略和发展目标，从而为企业的长期发展和竞争优势提供支持和保障。

### 三、科技创新能力

评估企业科技创新能力即对研发能力、技术创新能力、知识管理能力、团队协作能力等进行评估。

一是研发能力。企业的研发能力是企业科技创新能力的基础，它包括人员配备、研发设施、研发预算等方面的能力。企业需要拥有一支高素质的研发团队，配备先进的研发设备和工具，投入足够的研发预算，以保证科技创新的顺利实施。

二是技术创新能力。企业的技术创新能力是企业科技创新能力的核心，包括技术创新意识、技术创新能力和技术创新成果等方面的能力。企业需要注重技术创新能力的培养，建立创新文化，鼓励员工的创新实践，推动企业的技术创新。

三是知识管理能力。企业的知识管理能力是企业科技创新能力的重要保障，包括知识储备、知识共享和知识转化等方面的能力。企业需要建立科学的知识管理体系，促进知识的积累、共享和转化，将知识变成企业的核心竞争力。

四是团队协作能力。企业的团队协作能力是企业科技创新能力的重要支撑，包括团队协作意识、团队协作能力和团队协作效率等方面的能力。企业需要注重团队建设，建立团队协作机制，提升团队协作效率，以支撑企业的科技创新工作。

评估企业科技创新能力需要综合考虑企业在多个方面的能力表现，从而全面评估企业在科技创新领域的实力和竞争力。

## 四、科技创新成果

评估企业科技创新成果即对专利数量和质量、科技创新成果的商业化程度等进行评估。

### （一）专利数量和质量

专利是科技创新成果的重要指标之一。企业的专利数量和质量可以反映企业在技术创新方面的能力和实力。

专利数量反映了企业在技术创新的活跃度。分析企业的专利申请数量、授权数量等指标，可以了解企业在技术创新领域的表现和能力。专利数量的多少并不代表专利质量的高低，因此评估企业的专利数量时，还需要结合专利质量和市场竞争力进行综合评估。

专利质量反映了技术创新的实用性、创新性和独创性等。分析专利的引用次数、技术领域的覆盖范围、专利技术的核心竞争力等指标，可以评估企业在技术创新的实力。

除了专利数量和质量，专利的市场竞争力也是评估企业技术创新能力的重要指标。专利的市场竞争力包括专利技术的商业化程度和应用前景等。分析企业专利技术的商业价值及其对市场的影响力等指标，可以评估企业的技术竞争力。

### （二）科技创新成果的商业化程度

科技创新的最终目的是将技术成果转化为商业价值。评估企业科技创新成果的商业化程度即对产品的上市情况、技术落地应用情况、技术创新的收益贡献等进行评估。

首先，企业需要评估产品上市情况。如果企业的技术创新成果能够成功地转化为市场产品，并且在市场上获得良好的销售业绩和用户反馈，那么企业的技术创新成果的商业化程度就高。

其次，企业需要评估技术落地应用情况。如果企业的技术能够成功落地，应用于实际生产和服务领域，并且能够带来实际的效益和经济价值，那么企业的技术创新成果的商业化程度就高。

最后，企业需要评估技术创新的收益贡献。技术创新的收益贡献包括技术创新对企业市场份额、利润和品牌价值等方面的贡献。如果技术创新成果对企业的收益贡献较大，那么企业的技术创新成果的商业化程度就高。

在评估企业的技术创新成果的商业化程度时，还需要考虑技术创新的市场适应性和可行性。科技创新成果需要适应市场需求和行业发展趋势，才能实现商业化。可行性包括技术可行性、成本可行性和风险可行性等方面。

## 五、科技创新环境

评估企业科技创新环境即对政策支持、科技创新生态、行业竞争、科技创新文化等进行评估。

政策支持是企业进行科技创新的重要保障。评估企业科技创新环境需要评估政府为企业科技创新提供的政策支持和配套措施，包括科技创新资金、税收优惠、知识产权保护、科技创新人才引进等方面。政府的政策支持可以促进企业的科技创新，提升企业的科技创新能力和水平。

科技创新生态是企业进行科技创新所处的行业和社会环境。评估企业科技创新环境需要评估科技创新生态的成熟度和完善程度，包括科技创新生态的组织、支持机构、创新产业链、科技创新孵化器等方面。一个良好的科技创新生态可以为企业提供支持和保障，促进企业的科技创新和发展。

行业竞争是企业进行科技创新所面临的竞争环境。评估企业科技创新环境需要评估行业竞争的激烈程度、竞争对手的实力和科技创新能力等方面。一个激烈的行业竞争环境可以促使企业不断创新，提升企业的科技创新能力和实力。

科技创新文化是企业进行科技创新所倡导和营造的创新文化和氛围。评估企业科技创新环境需要评估企业的科技创新文化和氛围，包括企业的创新文化价值观、创新激励机制、创新氛围等方面。一个良好的科技创新文化可以为企业提供创新动力，推动企业不断创新和发展。

评估科技创新环境可以帮助企业识别自身所处环境的优势和劣势，以及未来发展的机遇和挑战。在面对复杂多变的市场环境和科技竞争时，企业需要了解和适应外部环境，以制定相应的科技创新战略和计划，从而更好地发挥自身科技创新的优势和实现企业的长期发展目标。

# 参考文献

[1] 张运生 . 高科技企业创新生态系统管理理论及应用 [M]. 长沙：湖南大学出版社，2010.

[2] 陈云玲，赵航 . 知识管理与民营科技企业创新发展 [M]. 长春：吉林大学出版社，2009.

[3] 朱建林 . 企业科技创新投入与产出财会管理实务 [M]. 杭州：浙江工商大学出版社，2014.

[4] 李爱玲 . 经济管理学术文库：政府研发资助对科技创新企业融资与研发投资的作用效果研究 [M]. 北京：经济管理出版社，2021.

[5] 王青云，徐道宣，陈继林，等 . 知识管理：科技型中小企业的创新促进 [M]. 北京：民族出版社，2006.

[6] 王婉 . 科技创新与科技成果转化 [M]. 北京：中国经济出版社，2018.

[7] 牟小容，李奎 . 企业科技财税实操指南 [M]. 北京：机械工业出版社，2022.

[8] 卜鉴民，等 . 改制企业档案管理实践与创新 [M]. 苏州：苏州大学出版社，2017.

[9] 黄兆奇 . 企业管理实践论文集 [M]. 北京：九州出版社，2018.

[10] 孙锐 . 中国科技企业战略人力资源管理、组织情绪能力及其对创新的影响 [M]. 北京：经济科学出版社，2020.

[11] 李盛竹 . 国际科技合作与自主创新战略研究 [M]. 北京：中国经济出版社，2018.

[12] 罗正英，汤玲玲 . 科技型中小企业技术创新能力提升研究：基于产业共生联动视角 [M]. 苏州：苏州大学出版社，2017.

[13] 许骏 . 科技企业自主创新能力提升途径 [M]. 北京：经济科学出版社，2011.

[14] 王克响 . 中小型科技企业技术创新能力研究 [M]. 长春：吉林出版集团，2019.

[15] 姜骞 . "资源—能力—关系"视角下科技企业孵化器创新孵化跃迁路径研究 [M]. 长春：吉林大学出版社，2020.

[16] 周戎，李灯强 . 非公有制企业科技创新能力提升研究 [M]. 武汉：湖北人民出版社，2021.

[17] 和征 . 硬科技企业自主创新能力提升对策 [M]. 北京：中国纺织出版社，2022.

[18] 毛世平，林青宁 . 中国农业企业科技成果转化效率研究：基于企业技术创新能力的视角 [M]. 北京：经济科学出版社，2022.

[19] 李海燕 . 科技型企业创新能力提升机制研究 [M]. 天津：天津大学出版社，2019.

[20] 房宏琳 . 我国中央企业自主创新能力研究 [M]. 北京：知识产权出版社，2016.

[21] 科学技术部火炬高技术产业开发中心 . 国家级科技企业孵化器创新能力评价报告（2020）[M]. 北京：科学技术文献出版社，2021.

[22] 张良强，等 . 福建省科技创新能力的监测与评价（2015）[M]. 福州：福建科学技术出版社，2017.

[23] 孙林杰 . 民营企业的技术能力、创新绩效与商业模式 [M]. 北京：中央编译出版社，2018.

[24] 毛伟 . 创新发展的理论与评价 [M]. 杭州：浙江工商大学出版社，2020.

[25] 苏多杰 . 青海科技创新能力研究 [M]. 北京：中国经济出版社，2012.

[26] 罗广宁 . 广东农业科技园区创新能力评价报告（2015）[M]. 广州：华南理工大学出版社，2017.

[27] 朱克江 . 科技创新人才战略 [M]. 南京：东南大学出版社，2011.

[28] 王鸣涛 . 科技创新能力与知识产权实力评价研究 [M]. 北京：科学技术文献出版社，2018.

[29] 苏永华 . 全面人才管理 [M]. 北京：经济日报出版社，2017.

[30] 史荣国 . 激励的力量 [M]. 长春：吉林文史出版社，2017.

[31] 胡八一 . 阿米巴团队激励 [M]. 北京：中国经济出版社，2018.

[32] 李道永 . 所谓管理好，就是会激励：员工激励的 100 个关键问题 [M]. 北京：中国友谊出版公司，2018.

[33] 王长城，等 . 薪酬案例诊断与推介 [M]. 北京：中国经济出版社，2003.

[34] 杨大川 . 管理就是用好你身边的人：激励员工的 9 大原则和 50 个对策 [M]. 北京：中国经济出版社，2018.

[35] 余泽忠 . 绩效考核与薪酬管理 [M]. 2 版 . 武汉：武汉大学出版社，2016.

[36] 潘平 . 名企人才招聘最佳管理实践 [M]. 北京：中国法制出版社，2017.

[37] 忠实 . 用业绩考核 按薪酬激励 [M]. 北京：石油工业出版社，2010.

[38] 田风 . 激励：让员工自动自发地奔跑 [M]. 北京：中国纺织出版社，2020.

[39] 张省，杨倩 . 数字技术能力、商业模式创新与企业绩效 [J]. 科技管理研究，2021，41（10）：144–151.

[40] 陈怀超，侯佳雯，艾迪欧 . 制度支持对集群企业创新绩效的影响研究：文化相似性的调节作用和技术能力的中介作用 [J]. 中央财经大学学报，2020（11）：99–110.

[41] 张燕航，周国林，刘磊 . 企业技术能力提升和产学研合作创新政策协同研究发展与展望 [J]. 创新科技，2020，20（10）：59–65.

[42] 金丹，杨忠 . 创新驱动发展下的领军企业技术能力提升策略研究 [J]. 现代经济探讨，2020（3）：80–84.

[43] 孟军本.企业技术能力对产品创新的影响研究：基于创业者政治技能和创业经验的调节效应 [J].贵州财经大学学报，2020（1）：59–67.

[44] 赵宏中，周婷，李若曦.自主研发创新、企业技术能力与全要素生产率提升：基于门槛效应的研究 [J].北京邮电大学学报（社会科学版），2018，20（5）：32–40.

[45] 梁海山，魏江，万新明.企业技术创新能力体系变迁及其绩效影响机制：海尔开放式创新新范式 [J].管理评论，2018，30（7）：281–291.

[46] 郭韬，张亚会，刘洪德.企业家背景特征对创业企业技术能力的影响：创新关注的中介作用 [J].科技进步与对策，2018，35（8）：143–148.

[47] 孙林杰，康荣，王静静.开放式创新视域下民营企业技术能力的发展演进 [J].科学学研究，2016，34（2）：253–259.

[48] 吴晓云，张欣妍.企业能力、技术创新和价值网络合作创新与企业绩效 [J].管理科学，2015，28（6）：12–26.

[49] 田丹，赵杨.从服务创新到基础软件创新：中国软件企业技术能力成长范式研究 [J].中国软科学，2014（5）：129–140.

[50] 何建洪，贺昌政.企业技术能力、创新战略对创新绩效的影响研究 [J].软科学，2012，26（8）：113–117.

[51] 何建洪.创新型企业的形成路径：基于技术能力和创新战略作用的实证分析 [J].中国软科学，2012（4）：143–152.

[52] 吴永林，赵佳菲.北京高技术企业技术创新能力评价分析 [J].企业经济，2011（3）：21–23.

[53] 郑玲，王芳，梁颖.浅谈企业提升科技创新管理水平的建议与措施 [J].中国军转民，2022（23）：86–87.

[54] 邵丽华.煤矿企业科技创新管理工作现状及建议 [J].河北企业，2022（9）：83–85.

[55] 张彩敏.新经济时代下企业科技创新绩效管理研究 [J].现代商业，2022（22）：80–82.

[56] 佚名.航天科工优化科技创新管理机制探索科技型企业内部创业有效路径[J].中国产经，2022（11）：79-81.

[57] 李海华.采办物流企业构建科技创新管理体系初探[J].交通企业管理，2022，37（3）：62-64.

[58] 常青青，刘海兵.世界一流企业的科技创新管理机制：基于德国西门子公司的案例研究[J].中国科技论坛，2022（4）：47-57.

[59] 张云飞.工商管理对企业科技创新的推动作用研究[J].现代商业，2021（35）：145-147.

[60] 扈春莲.电力企业科技创新与管理创新协同机制研究[J].农电管理，2021（12）：56-57.

[61] 祝阳，银克俭，范银龙.施工企业科技创新管理研究[J].工程技术研究，2021，6（20）：151-152.

[62] 梁燕.工商管理对企业科技创新的推进作用探讨[J].商讯，2021（28）：94-96.

[63] 陈劲，郭彬，杨伟.世界一流企业的科技创新管理体系[J].施工企业管理，2021（9）：22-26.

[64] 任丽梅，王隽，杨利平，等.油气田企业科技创新管理会计体系建设的思考[J].天然气技术与经济，2021，15（3）：74-79.

[65] 周益明，万宁，羊坤，等.国有企业科技创新管理与提升路径探讨：以四川省国资委监管企业为例[J].四川有色金属，2021（2）：62-65+70.

[66] 陈劲，郭彬，杨伟.世界一流企业的科技创新管理体系[J].企业管理，2021（6）：112-115.

[67] 陈玉娥，王建博，田晗，等.企业科技创新管理探讨[J].科技资讯，2021，19（2）：90-93.

[68] 陈勇，万烨.城市轨道交通企业科技创新管理问题探讨[J].企业改革与管理，2020（23）：211-212.

[69] 陈向红. 新企业科技创新管理对策分析 [J]. 中国科技信息，2020（1）：109-110.

[70] 王禹钦，赵丑民，康力平，等. 管输企业科技创新管理体系建设 [J]. 石油科技论坛，2014，33（1）：21-30.

[71] 吕安妮. 基于创新生态视角的中国高技术企业技术创新能力提升路径——以华为为例的研究 [D]. 重庆：重庆工商大学，2021.

[72] 于长宏. 基于企业技术能力的产学研合作创新模式选择研究 [D]. 大连：大连理工大学，2019.

[73] 李萍. 农业科技企业技术创新能力形成机理及路径选择研究 [D]. 北京：中国农业大学，2016.

[74] 张大伟. 高技术企业技术创新能力与效率评价及协调性研究 [D]. 长春：吉林大学，2015.

[75] 徐可. 技术引进型创新：中国汽车企业技术能力的实现机制研究 [D]. 北京：清华大学，2013.

[76] 刘炜. 基于企业技术能力演化的产学研合作创新机理研究 [D]. 广州：华南理工大学，2013.